Penny McLean

Lass los, was dich festhält

PENNY McLEAN

LASS LOS, was dich festhält

Von der Kunst, du selbst zu sein

Ansata

Mix
Produktgruppe aus vorbildlich bewirtschafteten Wäldern und anderen kontrollierten Herkünften
www.fsc.org Zert.-Nr. SGS-COC-001940
© 1996 Forest Stewardship Council
FSC

Verlagsgruppe Random House FSC-DEU-0100
Das für dieses Buch verwendete FSC-zertifizierte Papier *EOS* liefert Salzer, St. Pölten.

Ansata Verlag
Ansata ist ein Verlag der Verlagsgruppe Random House GmbH.

ISBN 978-3-7787-7432-8

Dritte Auflage 2010

Printed in Germany.
Einbandgestaltung: Guter Punkt, München, unter Verwendung von Motiven von Shutterstock
Gesetzt aus der Bembo von EDV-Fotosatz Huber/
Verlagsservice G. Pfeifer, Germering
Druck und Bindung: GGP Media GmbH, Pößneck

Inhalt

(K)Ein Vorwort

Während ich dieses Buch schrieb, besuchte mich ein Freund aus Köln. Wir verbrachten einen netten Nachmittag mit all den schönen Dingen, mit denen man Gäste in Wien erfreuen kann. Dazu gehört vor allem der Besuch mehrerer Kaffeehäuser.

Nach zahlreichen Melangen und Sachertorten kamen wir – ich weiß nicht mehr warum – auf Dissertationen zu sprechen, wie viel Mühe sie machen und wie wenige Leute sie letztendlich lesen, nicht einmal diejenigen, denen man das hehre Werk gewidmet hat.

»Weißt du«, sagte Dirk plötzlich nachdenklich, »ich muss gerade an einen Bekannten denken, der auch ungefähr zu meiner Zeit seine Doktorarbeit geschrieben hat. Und ich glaube, er hatte die genialste aller Widmungen.«

»Ach«, sagte ich interessiert, »wie lautete sie denn?«

»Du wirst es nicht glauben«, sagte Dirk, »sie hieß: Für die Katz.« Wir bekamen beide auf der Stelle einen solchen Lachanfall, dass uns der Ober Servietten bringen musste, mit denen wir unsere Tränen trocknen konnten.

Als ich wenige Stunden später wieder an meinem Schreibtisch saß, dachte ich mir: Genau das ist es! Das soll meine Widmung sein:

Hoffentlich nicht für die Katz!

Die Vorgeschichte

An einem Nachmittag vor etwa zwanzig Jahren schickte mir ein Psychiater einer süddeutschen Klinik eine praktisch austherapierte Patientin mit der Anmerkung vorbei: »Vielleicht fällt dir ja dazu etwas ein.«

Die Frau erschien und verhielt sich scheinbar völlig normal. Wir unterhielten uns bestens über das Wetter, Hundezucht und Blumensteckarten. Doch zwischendurch beugte sie sich mitten im Gespräch ganz nah zu mir und flüsterte: »Jetzt ist er wieder da.« Darauf war ich von ihrem Arzt vorbereitet worden, fühlte mich also nicht besonders überrumpelt. Ich flüsterte zurück: »Sagen Sie mir, wenn er wieder verschwunden ist.« Und dann redeten wir ganz normal weiter. Wenig später seufzte sie erleichtert: »Jetzt ist er weg, aber ich weiß, er kommt wieder.«

Ich sagte ihr, sie möge bei seinem allfälligen Wiedererscheinen einfach weiterreden, mir aber einen Wink geben und dann wiederum auf ein Zeichen von mir einfach aufstehen und blitzartig meine Wohnung verlassen.

»Und was geschieht dann mit ihm?«, fragte sie besorgt. Ich versicherte ihr, dass sie sich keinerlei Sorgen machen müsse, denn ich würde ihn auf der Stelle für immer in meinem Wohnzimmerschrank in Verwahrung nehmen. Und außerdem solle sie bitte als künftigen Schutzbegleiter meinen Hausgeist, eine kleine mexikanische Steinfigur, an sich nehmen, um auch weiterhin gegen unerwünschte Störenfriede gefeit zu sein.

Gesagt, getan. Das Zeichen kam, sie ergriff die Figur und entschwand in Windeseile, während ich meinen Schrank laut öffnete und schloss. Tage später rief mich der Psychiater an: »Bitte sag mir, was du getan hast! Sie ist ohne Symptom!« Ich erzählte ihm den ganzen Ablauf, und er zeigte sich nicht im Mindesten erstaunt. »Wie bist du auf die Idee gekommen?«, fragte er. Ich gab zu, dass ich einem Impuls gefolgt war. Wie so oft.

Von diesem Tag an änderte sich meine »Beziehung« zum Loslassen. Denn jetzt wusste ich etwas Grundsätzliches: Wer das Bedürfnis in sich spürt, etwas loszulassen, muss zunächst genau wissen, *was* er loslassen möchte, dann, *warum* er es loslassen will, und schließlich, wogegen er das Losgelassene einzutauschen wünscht. Denn das ist die Voraussetzung für das Gelingen eines Ablösungsprozesses. Das Universum kennt die Ersatzlosigkeit nicht. Warum also sollten ausgerechnet wir sie praktizieren wollen? Was kann es nützen, mit einem Vakuum dahinzuvegetieren?

Die anschließenden Erfahrungs- und Erkenntnisprozesse dauerten bescheidene zwanzig Jahre. Dann riefen zwei Berliner Herausgeber an und fragten, ob ich nicht einen Beitrag für eine Anthologie schreiben wolle. Das Thema: Loslassen. Ich war nicht begeistert. Doch dann erkannte ich die Chance und schrieb die »Gebrauchsanweisung für den Umgang mit toten Kamelen«. Diese verendeten Wüstentiere standen symbolisch für all das Überflüssige, Belastende und Abgelebte, das ein Menschenleben beschweren kann. Und sie waren die Vorboten für dieses Buch, das in einer Lebensphase entstehen sollte, in der sich Erfahrung, Beobachtung und Erkenntnis zu jenem wahrnehmbaren Wissen zusammenfügen, das sich bei jedem Menschen erst ab einem ganz bestimmten Lebensabschnitt zeigen kann, nämlich im zehnten Lebensjahrsiebt, also nach Vollendung des 63. Lebensjahrs.

Ich werde in diesem Jahr meinen 65. Geburtstag feiern. Also bin ich nun anscheinend alt genug, um loszulassen und vielleicht auch um darüber zu schreiben.

1. KAPITEL

Die vielen Gesichter des Loslassens

Vor mehr als 1600 Jahren geriet ein junger Mann in eine Lebenskrise. Bis dahin hatte er ein in jeder Hinsicht nicht gerade bescheidenes Leben geführt und – begünstigt von äußeren Umständen – auf nichts verzichten müssen. Nun war er an einem Punkt angekommen, wo er fühlte, dass in seinem Leben etwas Wesentliches fehlte, nämlich die Erkenntnis des tieferen Sinns.

Die Rede ist hier von Augustinus von Hippo, dem späteren großen Heiligen, der sich – Gott sei's gedankt – nicht bei einem Psychotherapeuten auf die Couch legte, weil dies damals noch nicht üblich war, sondern stattdessen unter einen Feigenbaum in einem Mailänder Garten. So gelagert hörte er, will man den Berichten glauben, eine innere Stimme, die ihm etwas zurief, das ihn veranlasste, zu den biblischen Paulusbriefen zu greifen, sie nach dem Zufallsprinzip irgendwo aufzuschlagen und das, was dort zu lesen war, als Lebensweisung anzunehmen: »Nicht in Fressen und Saufen, nicht in Wollust und Unzucht, nicht in Hader und Neid sollt ihr leben, und pflegt das Fleisch nicht zur Erregung eurer Lüste.«

Der zweiunddreißigjährige Augustinus nahm diese Weisungen bitterernst und befolgte sie von diesem Tag an genauestens bis zu seinem Tod. Er verzichtete also fortan auf jegliche Form ausschweifender Lebensführung, sexuelle Genüsse inklusive. Bitte rufen Sie sich noch einmal ins Gedächtnis, dass ich hier nicht von einem achtzigjährigen Tattergreis berichte, bei dem es keine Rolle mehr spielte, ob er »verzichtete« oder nicht. Nein, hier handelte es sich um einen im Tierkreiszeichen Skorpion geborenen und in der Blüte seines Lebens stehenden Mann.

Es vergingen knapp 1600 Jahre – in denen die Person des Augustinus eher an Bedeutung gewann, als dass sie ihr abhanden gekommen wäre – bis ein 29 Jahre alter Wiener sein ungeheures Erbe samt und sonders verschenkte, um sein restliches Leben in eher beschränkten Verhältnissen zu fristen. Die Rede ist hier von dem sagenhaften Ludwig Wittgenstein, dem Schöpfer des *Tractatus Logico-Philosophicus*, eines Grundlagenwerks der analytischen Sprachbetrachtung.

Im Jahre seines Erbverzichts, 1919, wurde in Bern die Ausnahmesängerin Lisa della Casa geboren, die ich, atemlos vor Bewunderung, ein paar Jahrzehnte später in der Bayerischen Staatsoper erleben durfte. Sie sang die Arabella in Richard Strauss' gleichnamiger Oper mit einer so überirdisch schönen Stimme, dass ich, wie viele andere im Parkett, den Tränen nahe war. Hinzu kam, dass diese Frau so außergewöhnlich attraktiv war, dass man sie »Liz Taylor der Opernwelt« nannte. Diese Diva stand an einem Samstag im Jahre 1974 ohne Vorankündigung vom Frühstückstisch auf und ließ sowohl ihren Ehemann als auch den Rest der Welt wissen, dass sie nie mehr singen werde. Und tatsächlich: Weder privat noch öffentlich hat je wieder ein Mensch ihre Singstimme vernommen. Berichten aus ihrem engsten Umfeld zufolge hat sie auch nie wieder ein Opernhaus betreten. Sie war damals 55 Jahre alt, unverbraucht an Stimme und Aussehen und im Besitz eines gut gefüllten Terminkalenders.

Ich könnte jetzt noch den Topmanager Daniel Goeudevert erwähnen, der seine hoch bezahlten Posten hinter sich ließ, um sich fortan nur noch der Aufklärung und Ausbildung Jüngerer zu widmen. Auch Mutter Teresa wäre ein überzeugendes Beispiel für eine Form des Loslassens, genauso wie Elvira S. oder Richard Schütz oder Bernhard Biegler oder …

Nach den Letztgenannten werden Sie in den Lexika der Welt vergeblich suchen, denn weder ihr Leben noch die Form ihres Loslassens war spektakulär. Frau S. leidet an Inkontinenz, Herr Schütz ist ein Obdachloser und Bernhard Biegler hatte einen Schlaganfall, dessen Folgen seine ganze Familie bis heute in sein Pflegeprogramm einbezieht.

Ich erzähle und erwähne diese mehr oder weniger bemerkenswerten Menschendramen nur deswegen, weil sie alle mit ein und demselben Thema zu tun haben: dem persönlichen Loslassprozess, der sich so individuell darstellt wie ein Fingerabdruck, der bei den einen unspektakulär und scheinbar nebensächlich abläuft, während die anderen ihre diesbezüglichen Klimmzüge mit Donnerhall und Unterstützung der Presse machen.

Das Spektrum ist riesengroß, die Auswahl der Möglichkeiten scheint unendlich und gestaltet sich schwierig und verwirrend. Trotzdem ist die Wahl notwendig und von der Bewusstseinsqualität des Wählenden abhängig.

Deswegen ist es ratsam, sich zunächst genau zu informieren, womit wir es hier denn eigentlich zu tun haben und was der Nutzen der ganzen Anstrengung sein könnte. »Falls es denn überhaupt einen gibt!«, ruft der Pessimist aus dem Hintergrund. »Der Weg ist das Ziel!«, schallt es leise von weit her …

2. KAPITEL

Was ist das – Loslassen?

Um Ihnen den Einstieg in das weite Land des Loslassens zu erleichtern, gebe ich Ihnen hier eine Liste von bedeutungsgleichen Begriffen, welche eine Ahnung von der unendlichen Größe des Themas in Ihnen wecken soll.

loslassen	abwerfen	überschreiben
fallenlassen	versenken	Abstand nehmen
entlassen	freigeben	absegnen
vergessen	erlösen	abschließen
verzichten	lösen	starten
verzeihen	losreißen	zusammenbrechen
abtöten	verlassen	kündigen
abgeben	wegwerfen	scheiden
vergeben	austauschen	austreten
weitergeben	ersetzen	entsagen
verschenken	entbinden	ausscheiden
abtreten	eliminieren	aufbrechen
hinterlassen	zertrennen	sterben
aufgeben	ablösen	mäßigen
kapitulieren	zurücktreten	hingeben

übergeben	Gewicht verlieren	verschenken
auflösen	verstoßen	erkalten
zur Verfügung stellen	abspringen	flüchten
vererben	auswandern	verteilen
opfern	erledigen	begraben
vollstrecken	abheften	beendigen
ruinieren	stürzen	verwirklichen
gebären	spendieren	weihen

Die Liste ist schon aus dem einfachen Grunde höchst unvollständig, weil ich alle reflexiven Verben (sich abfinden, sich pensionieren lassen etc.) nicht aufgeführt habe. Würden wir diese Liste in zwei Abteilungen spalten, kämen wir zu der Erkenntnis, dass es ein leichtes und ein schweres Loslassen gibt. Wobei die Freiwilligkeit im Ranking sicher eine nicht unerhebliche Rolle spielt. Es ist ein Riesenunterschied, ob ich etwas zum Beispiel verschenke oder es zerstöre. Es kommt immer auf die Einstellung an, welche die Aktion begleitet. Wir haben immer die Wahl, ob wir mit Jammern und Zähneknirschen oder mit dem Lächeln der Erkenntnis handeln.

Sicher erwarten Sie, dass ich davon spreche, wie man die Dinge in und mit Liebe entlässt. Davon wird auch die Rede sein, aber in einer anderen Art und Weise, wie es üblich ist und Sie es vielleicht erwarten. Ich kann nur vermitteln, was meinem eigenen Erleben entspricht: das Loslassen in die Gleichgültigkeit. Damit ist absolut nicht das gemeint, was eine oberflächliche Zeit und ein unbewusster Sprachgebrauch aus diesem aussagekräftigen Wort gemacht haben, nämlich Desinteresse, sondern vielmehr jene wahre Gleichgültigkeit, welche die Gleichstellung von allem und jedem sich selbst gegenüber bedeutet, also die vollkommene Erfüllung des Auftrags: Liebe deinen Nächsten wie dich selbst. Sie werden es sicher längst am eigenen Leib und am eigenen Seelenkörper erfahren haben: Das Gleichgültige bereut man nie! Und es bereitet keine Schwierigkeiten. Und noch etwas ist es wert, bis zur vollkommenen Meisterschaft geübt zu werden: die verstandesmäßige Gleichgültigkeit.

Hier sind wir an einem Punkt angekommen, der absolut erklärungsbedürftig ist. Diese Gleichgültigkeit zu erreichen ist naturgemäß erst ab der Lebensmitte möglich – es sei denn, Sie haben Ihre Kindheit und Jugend in einem buddhistischen Kloster verbracht.

Bis zum 42. Lebensjahr heißt die Devise normalerweise: aufbauen, sammeln, wachsen, nehmen, ausleben und begehren. Aber spätestens dann beginnt der Herbst des Lebens, in dem sich die Lebenskräfte eigendynamisch in ihren Ursprung zurückinvestieren. Und es ist nicht mehr als logisch, dass sich derjenige, der seine Kräfte vorher mit Verstand und Bewusstsein verwaltet hat, mit der Rückgabe (Unkundige würden sagen: mit dem Abbau) leichter tun wird als jener, der gedankenlos dahingelebt hat.

Das heißt aber auch, dass alles, was in diesem Buch niedergeschrieben ist, für jüngere Leute eher eine eindringliche Empfehlung ist, während es für ältere fast schon eine mahnende Aufforderung darstellt. Die menschliche Seele hat ein tiefes Empfinden für Dinge, die sich altersgemäß anbieten oder eben nicht gehören, und das kollektive Empfinden reagiert sehr sensibel auf mehr oder weniger offensichtliche Verstöße und quittiert einschlägige »Gesetzesübertretungen« mit teilweise offen zur Schau gestellter Häme. Oder mit Neid. Bestes Beispiel: Hugh Hefner, der Playboy-Chef, oder auch gewisse altersresistente Berühmtheiten, deren überstraffe Gesichter und kunstvoll modellierte Körperformen das Gesetz des Rückzugs Lügen strafen wollen. Auch so manche gekrönten wie ungekrönten Familienvorstände, die ihren ruhmreichen Thron absolut nicht weitergeben wollen, leiden augenscheinlich unter einem Defizit an Loslassbereitschaft.

Den Jüngeren unter uns sei noch gesagt: Seid vorsichtig und wachsam, wen oder was ihr in euer Leben holt, denn es könnte an euch kleben bleiben wie Teer.

Doch wie wir wissen, will ein junger Expansionist (das Gegenteil vom abbauenden Pensionisten) solche Weisheiten überhaupt nicht hören, sondern lieber beweisen, dass die Welt ihm gehört und das Buffet unbeschränkt geöffnet ist. Die Sache hat nur einen nicht zu unterschätzenden Haken, nämlich die unsichtbaren Dos and Don'ts, die sehr genau vorschreiben, was geht und wovon die Finger besser zu lassen sind. Uhl und Nachtigall sitzen hier eng beieinander.

Das Trügerische an diesen schwer zu beurteilenden Vorgängen ist, dass die Schicksalsmächte den Früchtekorb der Möglichkeiten im ersten Drittel des Lebens, also bis etwa zum 28. Lebensjahr, fast uneingeschränkt zur Verfügung stellen, aber gern vergessen, den Begleitzettel zu präsentieren, auf dem stehen sollte: »Übernimm dich nicht, denn wenn der Korb leer ist, ist er leer und du musst mit dem auskommen, was du entnommen hast.«

Das Entnehmen von Schicksalsangeboten hat übrigens sehr viel mit Erziehung und Charakter zu tun. So wahllos (verfressen) und unbedacht die einen handeln, so vorsichtig und überlegt (qualitätsbewusst) zeigen sich die anderen. Viele dieser Fehlgriffe werden schon in den ersten zehn Jahren gemacht, meist unter dem Einfluss von Eltern und engen Bezugspersonen, die ihre Träume auf den Nachwuchs projizieren und hoffen, auf diese Weise doch noch die Verwirklichung zu erlangen, die sie selbst nie erreicht haben.

Denken Sie nur an all die Wunderkinder. Wen haben wir nicht alles im Kindesalter auf den Bühnen der Welt tanzen sehen und geigen, singen und Klavier spielen gehört! Und von was für großartigen Prophezeiungen waren diese Darbietungen oft begleitet! Doch wie sagte schon Großmeister Schiller so treffend: »Mit des Geschickes Mächten ist kein ew'ger Bund zu flechten.«

Aber wie vermeidet man dann Griffe in den Schicksalskorb, die einem das Leben schwer machen oder sogar das Rückgrat brechen? Wie entgeht man einem Windhorst-Crash? (Für alle, die ihn nicht kennen: Lars Windhorst war schon mit 16 Jahren ein Manager-Wunderkind, dessen schwindelerregende Karriere später mit einem Offenbarungseid endete.) Die klügste Antwort auf diese Frage wäre: »Lass die Finger von Dingen, die in diesem Leben nicht für dich vorgesehen sind!«

Auch wenn immer gern das Gegenteil behauptet wird: Das Buffet der unbegrenzten Möglichkeiten steht nicht jedem in gleichem Maße zur Verfügung. Und diese scheinbare Ungerechtigkeit hat bei jedem einen Grund und eine Vorgeschichte. Natürlich müssen Erfahrungen gesammelt werden und selbstverständlich werden und sollen es nicht nur positive sein. Doch wäre es nicht klug, von vorneherein auf vorhersehbar Negatives zu verzichten, also erst gar nicht zuzugreifen, um sich das spätere schmerzliche Loslassen zu ersparen?

Sage einem Hungrigen, der vor einem vollen Teller sitzt, er solle maßvoll essen …

Und doch sei denen, die sich trotz ihrer Jugend das spätere Loslassen erleichtern wollen, gesagt: Es zeigt sich schon in den ersten vierzehn Jahren sehr klar, »was geht« und wo sich automatisch ein Riegel vorschiebt. Vor zehn Jahren habe ich versucht, diese Bedingungen auch über einen numerologischen Symbolplan verständlich zu machen, der sich relativ einfach aus dem Geburtsdatum und dem Namen errechnen lässt. Ich dachte, damit könne man so manchem Suchenden den Lebensweg erleichtern. Ich dachte falsch.

Die menschliche Psyche weist nämlich einige bemerkenswerte Eigenheiten auf, die nur als Schutzmechanismen verstanden werden können: Mensch will nichts Negatives wissen und Mensch will keine Schwierigkeiten haben. Und: Mensch denkt, dass Unheil, Krankheit und Tod nur anderen widerfahren. Diese Denkweise fordert die Gegenbeweise des Schicksals geradezu heraus.

Bevor wir also mit dem Erforschen und Begreifen des Phänomens Verzicht beginnen – denn nichts anderes ist das Loslassen – wäre es gut, wenn Sie innerlich zu akzeptieren bereit wären, dass neben all dem Schönen und Erfreulichen in Ihrem Leben selbstverständlich auch Negatives und Schmerzliches eingeplant ist und dass Sie diesem Fakt lernfreudig gegenübertreten sollten. Und weiterhin: Akzeptieren Sie, dass Sie von Natur aus ängstlich sind und dass diese Eigenschaft sowohl ein Schutz als auch Ihr gutes Recht ist.

Angst ist eine kreative Kraft und eine gute Trainingsmöglichkeit, ähnlich einem dunklen Gewässer. Wenn Sie unerwartet hineinfallen und vor Schreck untergehen, sieht es sehr schlecht für Sie aus. Wenn Sie dagegen Ruhe und Besonnenheit bewahren, können Sie die Tiefe ausloten und werden selbst als Nichtschwimmer wahrscheinlich das Ufer erreichen.

Irgendwann werden Sie es leid sein, dieselbe Situation immer wieder zu erleben, und genug Erfahrung gesammelt haben, um mit dem Element Wasser/Angst umzugehen. Und wenn Sie hartnäckig genug sind und das Element Wasser/Angst wirklich beherrschen lernen, werden Sie sogar Ihre Widerstandskräfte und Ihre Ausdauer darin trainieren können.

Dic Voraussetzung für dieses Überlebenstraining ist, die Kunst der gleichgültigen, also angstlosen Hingabe zu erlernen, das Loslassen also auf eine Weise zu üben, die zu Ihnen und nur zu Ihnen passt. Das ist nicht einfach. Ich weiß …

Wir Menschenkinder haben nämlich einen Instinkt, der uns sagt, dass wir überleben müssen und dafür *alles* einsetzen können, was sich nur anbietet. Dieser Instinkt gibt – zumindest bis etwa zum 42. Lebensjahr – eine höchst eigenartige Grundinformation an die Psyche: Tod und Alter betreffen nur andere!

Erst ab dem magischen Zeitpunkt Lebensmitte dämmert es dem Bewusstsein, dass jeder Tag ein kleiner Abschied ist und dass die Erdanziehungskräfte niemanden verschonen, denn die täglichen Gegenbeweise sind dann längst unübersehbar. In Unkenntnis der Tatsache, dass jedes Hab und Gut nur eine Leihgabe ist und das letzte Hemd keine Taschen hat, lässt sich mancher noch ein bisschen mehr Zeit oder lernt es nie. Und so verwechseln wir »viel Sicherheit« gern mit »viel Besitz« und benehmen uns wie Eichhörnchen vor einem strengen Winter. Das Denkmuster der im Sommer sorglos tanzenden Grille, die im Winter bettelnd bei der fleißigen Ameise vorstellig werden muss, sitzt tief, wobei es in unseren Breitengraden gar nicht mehr um das Verhungern und Erfrieren im kalten Winter geht, sondern vielmehr um die Erhaltung von Luxus, der gern als »normaler Lebensstandard« bezeichnet wird.

Nur bei vergleichbar wenigen Menschen hat das Schicksal von Geburt an dafür gesorgt, dass ein Verständnis für die Vergänglichkeit praktisch »eingebaut« war und sie daher von Kindheit an ganz selbstverständlich mit dem Thema Verlust und Verzicht umgehen konnten. Vielleicht ging es Ihnen als Kind ähnlich wie mir. Ich habe lange geglaubt, alle Menschen brächten die gleichen Voraussetzungen mit, was ein verhängnisvoller Irrtum ist, und alle seien den gleichen Bedingungen unterworfen, was sich im Lauf der Zeit ebenfalls als eine Fehlinterpretation der Realität herausgestellt hat.

Beide Annahmen sind leicht zu widerlegen. Steckt man hundert Leute nur eine Woche lang in ein und dasselbe Trainingslager und unterwirft sie den absolut gleichen Bedingungen, wird man sehen, dass sich wie von selbst Rangordnungen bilden und dass sich aufgrund von Sympathien und Antipathien eine ganz spezielle Atmosphäre ergibt. Außerdem wird man zugeben müssen, dass die oben aufgestellte Behauptung schon daran scheitert, dass in unserem fiktiven Camp eben nur diese hundert ausgesuchten Leute Platz gefunden haben. Würde man den hundert Probanden nun auch noch die Selbstverwaltung zugestehen, wäre das Endergebnis nach sieben Tagen noch eindeutiger: *Kein* Mensch ist wie der andere, und so etwas wie ein identisches Schicksal gibt es nicht, auch wenn es auf den ersten Blick oft so aussieht.

Nicht einmal äußerlich sind sich alle Menschen gleich, wie man an ihren verschiedenen Hautfarben und körperlichen Eigenheiten leicht sehen kann. Ist es da nicht seltsam, dass der Spruch von der Gleichheit der Menschen so verbreitet ist, während jeder Erdenbürger gleichzeitig betont Wert darauf legt, unverwechselbar und einmalig zu sein? Worauf bezieht sich dann dieser Gleichheitsanspruch? Auf die Behandlung durch andere oder gar auf die Rechtsprechung?

Wir wollen die Dinge wenigstens auf den Seiten dieses Buches beim Namen nennen, denn sonst wäre ich versucht, Ihnen die üblichen, ganz gewöhnlichen Ratschläge anzubieten, ohne den Spielraum zu berücksichtigen, den Sie als Individuum verdient haben. Sie sind skeptisch? Dann lesen Sie ein paar der beliebten Sprüche, in denen sich das Dilemma sehr deutlich widerspiegelt:

> Alle Menschen sind gleich.
> Der Mensch ist ein Herdentier.

Der Mensch ist und bleibt allein.
Nur gemeinsam sind wir stark.
Nur einer kann der Sieger sein.

Denkt man wirklich ernsthaft nach, kommt man an einen Punkt, an dem man verzweifeln könnte. Oder man ist dankbar, emotional gebremste Lehrer zu haben, die einem helfen, das Dilemma zu klären. Anthony Kinsella, mein Lieblingslehrer, konnte das perfekt. »Listen, dear …«, begann er immer. »Hör mal, du benutzt einen Körper, der sich über die Tierwelt entwickelt hat, bis er so weit war, dass du, das ursprüngliche Geistwesen, ihn in der Weise verwenden konntest, wie du es heute tust. Du hast also dein eigenes System einem fremden System aufgepfropft und erwartest nun, dass es seine Urerinnerungen, Instinkte und Bedürfnisse ablegt?«

Aha, dachte ich, da sind wir also alle in ein irdisches Fahrwerk eingestiegen, das wir

a. wahrscheinlich total unter- oder überschätzen,
b. jahrtausendelang falsch verwendet haben und
c. momentan im Begriff sind, für immer irreparabel zu ruinieren.

»Change the use!«, würde Anthony sagen. »Ändere dein Verwendungsverhalten.« Vielleicht würde er sogar sagen: »Lass los!« Aber ich weiß, dass er diesen Begriff in seinem Vokabular nicht führt. Er denkt anders, denn er wurde mit dem SV-Gen, dem Gen des selbstverständlichen Verzichtsbewusstseins geboren.

Denken Sie nun bitte nicht, diese genetische Konstellation sei eine Auszeichnung, ein Attribut des Erleuchteten. Nein, es handelt sich einfach um eine Veranlagung, eine geistige Eigenart, welche diese spezielle, jedem Menschen zugängliche Kammer des Bewusstseins öffnet. Wie der Mensch diese Bewusstseinskammer anschließend nutzt, bleibt seinem eigenen Gutdünken überlassen. Auch Sie könnten diesen Raum jederzeit betreten, aber das Resttierchen in Ihnen sagt, dass Sie dann möglicherweise hungern und frieren werden oder dass Ihre Herde, ohne die Sie dem Verderben ausgeliefert sind, ohne Sie weiterzieht und dann keiner da sein wird, der Ihr nächtliches Lager wärmt.

Ihr Höheres Ich wird, je nach Pflege und Beachtung, gegen diese Suggestion antreten und Ihnen zuflüstern, dass Sie mutig und stark sein sollen und dass diese Loslösung Sie in Ihrer Entwicklung einen gewaltigen Schritt weiterbringen wird. Doch die Programmierung *Lieber das bekannte Unglück als das unbekannte Glück* wirkt in Ihrem Bewusstsein wie ein Implantat und lässt Ihre Bedenken zu riesigen Dinosauriern anwachsen. »Es gibt ja so viel zu verlieren«, flüstert eine Stimme, »deine Sicherheit, deine Stellung, deinen Ruf, deine Freunde, dein Einkommen.«

Und da Ihnen das bereits Erlebte und in Ihrem Gedächtnis Abgespeicherte näher, also sicherer zu sein scheint als die (noch) unbeweisbaren Bilder der Zukunft, halten Sie lieber an Verbrauchtem fest, als sich an eine Neuschöpfung Ihres Lebensfilms zu wagen.

Hören Sie diese zweifelnde innere Stimme, die Ihnen sagt: »Sei zufrieden mit dem, was du bist und dir ohne Risiko verschaffen kannst, und mit dem, was du weißt, lebst und was dich umgibt!« *Es kommt nichts Besseres nach* – ist übrigens das Lieblingssprichwort der Chimären der Vergangenheit.

Und stellen Sie sich vor: Diese trügerischen Wesen haben vollkommen recht, und zwar aus ihrer veralteten Sicht, die alles nur nach der Summe der bisherigen Bilder und Erfahrungen beurteilt. Diese »Brems-Bilder« werden übrigens nicht nur von dem bestätigt und koloriert, was in Ihrem eigenen Erlebnisarchiv aufbewahrt ist, sondern auch von den Imaginationen Ihrer Vorfahren.

Leider gibt es keine Garantiescheine und kein Versprechen, dass ein Leben nach einem Änderungsbeschluss »besser« wird. Unter Verbesserung versteht die Allgemeinheit ja gern materielle Expansion, also mehr Geld, mehr Luxus und damit auch mehr Ansehen. Und gern wird unter Verbesserung auch das Erscheinen eines »besseren« Lebenspartners verstanden. Wenn Sie selbst solche Erwartungen hegen und dazu noch glauben, von irgendjemandem für Ihren Mut belohnt zu werden, dann legen Sie dieses Buch jetzt entweder für immer dorthin zurück, wo Sie es gefunden haben, oder aber an einen Platz, wo Sie es bei Voranschreiten Ihres Erkenntnisprozesses jederzeit wieder zur Hand haben.

Seien Sie mir bitte nicht böse, wenn mein Ton manchmal etwas herb klingt. Aber wissen Sie, die Zeit ist zu knapp für Floskeln oder Sprach-Pirouetten. Nicht weil 2012 der Weltuntergang stattfindet, sondern weil er 2012 eben *nicht* stattfindet!

Der folgende Satz wird fett gedruckt, damit Ihnen der (Wieder-)Einstieg leichter fällt:

Jedes Loslassen kann nur gelingen, wenn Sie absolut nichts dafür erwarten.

Damit möchte ich nicht sagen, dass sich die Schicksalsgötter bei Ihnen nicht freigiebig verhalten werden, sondern Ihnen nur empfehlen, sich nicht von vornherein mit dem weit ausgebreiteten Schürzchen der Erwartung zu präsentieren. Glauben Sie, dass Augustinus irgendetwas erwartet hat, als er sich entschloss loszulassen? Seine Seele und die Seelen all der Menschen, von denen ich im ersten Kapitel berichtet habe, waren so hungrig nach Veränderung (nicht nach Verbesserung), dass sie gar nicht auf die Idee kamen, Erwartungen zu hegen oder Bedingungen zu stellen. Sie haben die Notwendigkeit akzeptiert, weil die Not zur Qual geworden war, und sie erkannten, dass diese Not gewendet werden musste, und zwar durch eigenes Handeln, konsequentes Einhalten der Regeln und einen kompromisslosen Neubeginn, nach dem es keinen der bisherigen Störfaktoren mehr geben sollte. *Bei diesen Störfaktoren handelte es sich entweder um materiellen Reichtum und Ruhm und/oder sexuelle Abhängigkeit.*

»Um Gottes willen«, denken Sie jetzt vielleicht, »Frau McLean will, dass wir alle in Armut, Zurückgezogenheit und Entsagung leben!«

Nehmen Sie einmal an, Sie hätten einen geliebten, aber etwas störenden Mitbewohner in Ihrem trauten Heim. Würden Sie diesen auf der Stelle umbringen, nur weil er stört? Oder wären Sie nicht vielmehr bemüht, das Störende Schritt für Schritt auf ein erträgliches Maß zu reduzieren oder die Sache in einem sehr eindeutigen Gespräch zu klären?

Merke: Nicht der Verursacher muss entfernt werden, sondern Ihr Umgang mit ihm muss geklärt werden.

Die Klugen und Weisen unter Ihnen werden es längst erfahren haben: Kaum »killt« man einen Störenfried, schon taucht der nächste auf. Oder: Kaum entfernt man einen lästigen Umstand aus dem Leben, schon wird er vom scheinbaren Zufall durch einen noch lästigeren ersetzt. Wie aber verweist man diese verschiedenartigen Unruhestifter auf ihre Plätze? Die Antwort ist: durch Eindeutigkeit. Solange in Ihnen auch nur ein Quäntchen der Bereitschaft nachzugeben vorhanden ist, wird der Quälgeist diese als Grundlage für seine nächsten Attacken benutzen.

»Mein Gott«, werden Sie jetzt wieder denken, »Frau McLean glaubt, ich sei so wie Augustinus & Co!«

»Ja und nein«, würde ich antworten, denn das kompromisslose Entschlusspotenzial schlummert in Ihnen ebenso wie eine latente Bereitschaft zu morden. Verzeihung, aber hatten wir nicht beschlossen, die Dinge beim Namen zu nennen? Stellen Sie sich vor, jemand würde sich mit Tötungsabsicht auf Ihr Kind (Ihre Mutter, Ihren Vater, Ihr Herzblatt usw.) stürzen und Sie wären gerade in der Nähe. Ach, Sie meinen, das sei etwas *ganz* anderes?

Ich verstehe die Filme nicht, in denen elegant gestylte Damen händeringend, aber tatenlos, aus einer sicheren Ecke heraus die Schlägerei ihres geliebten Mannes mit dem Einbrecher (Rivalen, Außerirdischen, Überfallkommando usw.) beobachten, und ich denke, Ihnen wird es nicht anders gehen. Wie aber würde die Realität in einem solchen Fall aussehen? Würden Sie tatkräftig eingreifen?

Und wie sieht es bei einem Überfall auf Sie selbst aus? Aus eigener Erfahrung kann ich zweierlei berichten. Erstens: Reden hilft nicht immer. Zweitens: Eine gute Selbstverteidigungsausbildung schadet nie. Und wenn Sie jemals selbst in einer Situation waren, in der es um Sein oder Nicht-Sein ging, dann wissen Sie so gut wie ich, dass ein Gegen- oder Abwehrschlag nicht immer genau kalkuliert werden kann und dass oft keine Zeit bleibt, um zu überlegen, was denn »edler im Gemüt« sein könnte.

Warum schneide ich dieses Thema überhaupt an? Ich arbeite, wie immer, mit Bildern und Parabeln. Wenn wir über das Thema »Loslassen« verhandeln, geht es um unser Leben, um *Ihr* Leben. Es geht um Ihre gesamte Existenz, um Ihre Erlösung, um Ihre Befreiung, um Ihren Entschluss, sich nicht von Ihrem Plan abbringen und Ihre Seele nicht umbringen zu lassen. Das ist nämlich Ihr eigentliches Kapital, mit dem Sie sehr gut haushalten müssen. Entgegen anders lautender, lieblicher Behauptungen möchte ich Sie darüber aufklären, dass Ihr persönliches Seelenpotenzial, in welchem auch Ihre Lebensplanung gespeichert ist, sehr wohl bis zur Unkenntlichkeit heruntergewirtschaftet werden kann. Es kommt ganz darauf an, wie Sie es verwalten. Unsterblich? Ja, der »Stoff«, aus dem sich die Seele formt, ist unsterblich. Aber wir sind die Verwalter dieses kostbaren Fluidums und nicht ihre selbstverständlichen Besitzer.

Im Kosmos muss alles erarbeitet, bezahlt und verwaltet werden, sonst findet eine Korrektur von anderer Seite statt. Sie brauchen sich die irdischen Vorgänge nur genau vor Augen zu führen. Sie sind eine exakte Spiegelung aller mit unseren Sinnen nicht wahrnehmbaren Vorgänge. Genau so, wie Sie Ihr Seelenpotenzial verdunkeln und unbrauchbar machen können, ist natürlich auch das Gegenteil möglich, nämlich Ihre Seelenkräfte zu erhellen, zu stabilisieren, zu vergrößern und im Zusammenhang mit Ihrem Selbstbewusstsein unsterblich zu machen. Diesen Vorgang bezeichnet man seit Jahrtausenden als »die Erleuchtung«, und die Entwicklung bis hin zu dem Bewusstseinszustand, der die Erleuchtung überhaupt erst möglich macht, ist der berühmte »Weg der Erleuchtung«, auch als »Einweihungsweg« bekannt.

Erinnern Sie sich noch an die Personen, deren Loslassen ich im ersten Kapitel beschrieben habe? Sie werden feststellen, dass bei allen eine bestimmte, lang anhaltende Situation mit sich immer wiederholenden Komponenten durch einen scheinbar urplötzlichen Entschluss in eine andere Lebensform transformiert wurde. Augustinus war 32 Jahre lang ein Playboy gewesen und hatte trotz einer exzellenten Ausbildung und ebensolchen äußeren Umständen das bekommen, was wir heute eine Depression nennen. Wittgenstein hatte 29 Jahre lang alles in sein geniales Hirn hineingepackt, was gut und teuer war – genau wie Augustinus vor einem bestens abgesicherten finanziellen Hintergrund – und hatte dann, abermals wie jener, buchstäblich die Schnauze voll gehabt von einer Welt, der er, seiner inneren Sehnsucht und seinem tiefsten Streben nachempfindend, nicht mehr wie bisher entsprechen wollte. Kurz vor seinem Entschluss, relativ besitzlos zu leben, war Wittgenstein übrigens in Kriegsgefangenschaft geraten, was in diesem sensiblen und wahrnehmungsübersteigerten Menschen sicherlich vieles ausgelöst haben mag, was seine späteren Handlungen erklärt. Wie viele genialen Menschen war der junge Wiener ständig von Depressionen bedroht, gegen die sich zu wehren sicherlich ein lebenslanges Unterfangen war. Unter diesem Leidensdruck wollte er vor allem den Ballast abwerfen, den er als am meisten bedrückend und behindernd erkannt hatte, nämlich Besitztum – genau wie Augustinus. Die Transformation der Energiequelle Sexualität hatte Augustinus ihm allerdings voraus, wie auch das absolute Wissen um ein höheres Wesen, den festen Glauben an einen Schöpfergott.

Und wovon war die gefeierte und hofierte Lisa della Casa getrieben worden? Um es für Sie transparenter zu machen: Wie bei allen, die eine solche, auf die Umwelt zuweilen seltsam und fragwürdig erscheinende Lebensentscheidung von großer Tragweite fällen, muss auch bei ihr ein transformierender Erkenntnisprozess vorangegangen sein. Tatsächlich hatte sich die Sängerin gezwungen gesehen, mehrmals unter quälenden Belastungen aufzutreten, was sie jedes Mal mit makelloser Disziplin hinter sich gebracht hatte. So musste sie beispielsweise während einer lebensgefährlichen Operation ihrer einzigen Tochter und am Abend nach dem Tod ihrer Mutter auftreten, weil kein Ersatz zu finden war. Außerdem war sie üblen Intrigen ausgesetzt, die unter anderem dazu führten, dass sie nie mehr bei den Salzburger Festspielen auftrat. Die Wertigkeiten wurden dadurch sehr deutlich, und Frau della Casa zog die entsprechenden Konsequenzen: keine verschärften Belastungs- und Trauerzustände mehr durch nervenaufreibende und kraftraubende Auftritte, sondern nur mehr Energie für alles, was wirklich für sie zählte: die Familie, ihre Tochter, ihr Mann. Niemand hatte sie gezwungen. Frau della Casa befand einfach, dass sie sich ab diesem Zeitpunkt nicht mehr unter das Niveau ihres innersten Anspruchs begeben wollte.

Und nun schauen Sie sich zunächst bitte alle, Ihnen bekannten Menschen an, die ihr Lebensthema auf ähnliche Weise losgelassen haben. Nicht nur eine Gewohnheit, nein, die gesamte Lebensführung. Sie werden nicht viele finden. Doch die vorangegangenen Beispiele beweisen, dass dies möglich ist.

Natürlich hätten wir auch mit etwas Leichterem anfangen können, zum Beispiel mit dem Verzicht auf Süßigkeiten, Nikotin & Co. Doch diese Themen haben andere schon besser und gründlicher behandelt, als ich es könnte und wollte. Für diejenigen, die sich noch mit solchen Ersatztröstungen herumschlagen und bis jetzt nicht die Willenskraft aufgebracht haben, die Finger von Alkohol, Zigaretten, Zucker, Drogen und ähnlichen Suchtmitteln zu lassen, ist es einfach noch zu früh, sich an das zu wagen, was ich nun gemeinsam mit Ihnen versuchen möchte, nämlich die Wiederaufnahme Ihres ursprünglich geplanten Lebens und die Auflösung aller Hindernisse auf dem Weg zur Selbstfindung.

Glauben Sie bitte nicht, dass ich kein Verständnis oder Mitgefühl für diejenigen habe, die sich mit Süchten quälen. Um die Wahrheit zu sagen: Wir alle quälen uns mit Abhängigkeiten. Doch dieses Buch ist für Menschen geschrieben, die an sich arbeiten wollen, um Mitarbeiter an einer besseren Zukunft zu werden, und für Menschen, welche die Notwendigkeit einer vollkommenen Transformation nicht nur erkannt haben, sondern auch bereit sind, durch eine bewusste Wandlung ihrer Denkgewohnheiten, ihrer emotionalen Verhaltensweisen und ihrer Handlungen an der Veränderung des Bestehenden mitzuarbeiten.

Wer die Welt mit dem Besen der Bewusstseinsklärung reinigen will, muss bereit sein, das eigene Bewusstsein zu durchschauen. Bis heute hat sich nichts am Nutzen jener Aufforderung geändert, die über dem Eingang des Tempels von Delphi zu lesen war: *Erkenne dich selbst.*

Das bedeutet:

- Schau dir deine Schattenräume an!
- Komm dir selbst auf die Schliche!
- Entferne alles aus deinem geistigen, emotionalen und materiellen Umfeld, was dich in deiner Entwicklung behindern könnte und was dir nicht entspricht!
- Hab den Mut, die Wahrheit auszusprechen, vor dir selbst und vor der Welt!
- Sei niemandes Knecht, aber sei immer bereit zu dienen!
- Wahre deine Würde und übernimm Verantwortung für die, welche ihre Würde verraten haben!
- Überwinde jede Form von Käuflichkeit!
- Lerne, zur rechten Zeit Ja oder Nein zu sagen!
- Lerne zu schweigen!

Merke: Wenn du die Erleuchtung willst, erkenne dich zuerst selbst – und dann lass los!

Leider gibt es keine Zauberformel, die Sie von einem Moment auf den anderen zum »Superverzichter« machen oder dazu beitragen könnte, die Urerinnerung an Ihren ursprünglichen Lebensplan aufzuwecken und in Zusammenhang damit ein automatisches Wiedererkennen Ihrer »D(elphi)-Liste« hervorzurufen. Ihre D-Liste ist die ganz persönliche, vorher bereits erwähnte Verhaltensempfehlung Ihres Höheren Ich, das Ihre Ahnen-Vorgeschichte (wir vermeiden in diesem Buch den Ausdruck Karma) genau kennt und damit Ihrem Seelenkörper (nicht Ihrem Willen) die klügsten Benimmregeln übermitteln könnte – wenn Sie lernen würden, diese Hinweise, die manche als »Bauchgefühl« bezeichnen, mit klarem Bewusstsein wahrzunehmen und zu befolgen.

Ich sage ausdrücklich »könnte«, denn Ihre Mitarbeit ist gefragt und gefordert. Nur wenn Sie selbst aktiv werden, können sich mit der Entwicklung Ihres Bewusstseins jene Kräfte bilden, die man als Schlüssel zu dem Erkenntnisraum in Ihrem Unterbewusstsein bezeichnen könnte, wo sich Ihre Masken der Täuschung und Verführung stapeln. Ob ich diesen Schlüssel habe? Nun ja, wenn, dann ist er wie alles andere, was ich zu besitzen scheine, nur eine Leihgabe, die ich mir durch Beobachtung, Erfahrung und endloses Interesse an den Zusammenhängen des Lebens erbettelt habe. Von wem?

Diese Frage ist nicht ganz leicht zu beantworten. Denn diese höhere Instanz, die für mich immer eine Selbstverständlichkeit war und ist, wird nicht von jedem als solche erkannt und anerkannt. Aber genau diese Instanz ist es, welche die begehrtesten Schlüssel via Talent, Wille und Bereitschaft verleiht. Bei mir heißt sie der Einfachheit halber Gott. Und dieses Wort schließt für mich eine Vielzahl verständlicher und gängiger Bezeichnungen ein, beispielsweise kosmische Intelligenz, Schöpferkraft und ausgleichende Gerechtigkeit. Diese Macht ist auch die oberste Verwaltungsinstanz der Schicksalskräfte, die in jedem und durch jeden Menschen wirksam sind.

Die eben erwähnten Schlüssel kann übrigens ausnahmslos jeder erwerben, doch sie haben ihren Preis. Wer nach seinem Schlüssel greifen will, muss zuvor etwas anderes loslassen …

3. KAPITEL

Die Aktionsebenen des Loslassens

Spätestens ab der Lebensmitte beginnen Menschen die Last all des Überflüssigen zu fühlen, die sich, je älter man wird, immer drückender auf die Seele legt. Es erstaunt mich immer wieder, wie wenig konkret diese Belastungen bezeichnet werden können. Fast scheint es, als würde so mancher sein »Pinkerl« wie ein Geheimnis hüten oder es schamhaft verbergen wollen, wie ein an versteckter Stelle aufgetretenes Furunkel, mit dem man sich abgefunden und irgendwie arrangiert hat. »Es ist eben, wie es ist. Da kann man nichts ändern«, bekomme ich dann meist mit einem Seufzer verbunden zu hören.

Wir haben, bei allem was wir tun, grundsätzlich drei Möglichkeiten zu entscheiden:

1. das vollkommene, klaglose Annehmen der Gegebenheit, die Bejahung, das *Take It*;
2. das kompromisslose, finale Loslösen vom Bestehenden, die Verneinung, das *Leave It*;
3. das abwartende, beobachtende Ausharren, das Neutrale, welches auf die Zeichen der Zeit wartet, um dann zu reagieren, das *Change It*.

Für eine dieser drei Möglichkeiten sollte man sich möglichst klar entscheiden und die daraus resultierenden Konsequenzen ohne Wehleidigkeit tragen. Das Erste und Wichtigste ist jedoch, klar festzustellen und laut auszusprechen, was man als Belastung empfindet. Es kostet so manchen braven Sohn, Vater oder Ehemann und gar manche treu sorgende Tochter, Mutter und/oder Ehefrau eine riesige Überwindung auszusprechen, dass sie (Schwieger-)Eltern, Kinder, Chef, Freundin, Freund, Kollege am liebsten eliminiert sähen, wenn es denn leicht und schmerzlos vonstatten gehen könnte. Auch das wäre eine Form des Loslassens, für die ich in so manchen Fällen mehr Verständnis aufbringen könnte, als von einer sanftmütigen, spirituellen Lehrerin erwartet werden darf. Solch eine wütende Empfindung wäre die Konsequenz einer dauernden Belastung, die schließlich zur Überbelastung wird und letztendlich die Leidensgrenze (Toleranz!) sprengt.

Erinnern Sie sich noch an die »Delphischen Anweisungen« im vorhergehenden Kapitel? Da steht doch geschrieben: »Entferne alles ...« Und: »Wahre deine Würde!« Jeder von uns hat eine Vorstellung davon, wie er als »Ich« gesehen und wahrgenommen werden möchte, und zwar sowohl von sich selbst wie auch von anderen. »In jedem ruht ein Bild des, was er werden soll ...«, sagt Friedrich Rückert und meint damit das Idealbild, die Idealvorstellung. Ich kenne keinen Menschen, der sich selbst als Versager, nervöses Wrack oder heruntergekommenen Schwächling sehen möchte oder von anderen so bezeichnet werden will. Sieht sich ein Mensch über längere Zeit einer solchen oder anderen, deutlich negativen Wahrnehmung durch andere ausgesetzt oder empfindet sich selbst als nicht mehr lebensmächtig, wird er/sie aggressiv, depressiv oder süchtig. Süchtig nach Erleichterung, Trost, Bestätigung, Erlösung, Befreiung und – Lust.

Denn bevor ich die viel geforderte »Freude« erwarten kann, muss ich nicht nur die Lust entwickelt haben, sie überhaupt erleben zu wollen, sondern auch geklärt haben, nach welcher Art von Freude sich meine Seele sehnt.

Merke: Freude ist eine Folge, keine Voraussetzung, und mit Spaß hat sie schon gar nichts zu tun.

In den letzten Jahrzehnten scheint sich die Idee immer mehr eingebürgert zu haben, dass wir ein »Anrecht auf Freude im Leben« haben. Alle Versuche, diese Freude herzustellen, die ich beobachten konnte, haben mich, den grüblerischen, introvertierten Skorpion, entweder belustigt oder verscheucht. Hier einige der vermeintlich wirksamen Freudenhilfsmittel unserer Spaßgesellschaft: Partys, Comedy-Humor, Shopping-Touren, Events mit dem Kennzeichen »viel Lärm, viele Leute« wie Volksfeste, Fasching, Discotheken, Clubs, Sportveranstaltungen und so weiter. Außerdem Alkohol, Drogen und – Sex.

»Aha«, werden Sie denken, »diese Frau ist eine kommunikationsgestörte, triste und zu allem Überfluss auch noch prüde und sexfeindliche Einsiedlerin, die niemandem ein bisschen Spaß gönnt und selber keinen versteht.«

Ich versichere Ihnen: Ich habe alles, aber auch wirklich alles mitgemacht, manches nur als Zuschauerin, vieles als aktiv Beteiligte, oft als Protagonistin. Doch ich musste sehr schnell feststellen, dass ich wohl anders gebaut war und dass es in meiner Umgebung anscheinend nur sehr wenige ähnliche »Gebäude« gab. Ich wollte mehr, denn ich habe den Anspruch, mich von Erlebtem aufgebaut, verbessert und weitergebracht zu fühlen.

Die Qualität eines Abends zeigt sich am nächsten Morgen, und zwar im ersten Moment des Erwachens, wo die Vorausplanung der kommenden Stunden im Gedankenspiel noch nicht wirksam ist. Was lässt sich da fühlen?

Bleiben Sie in diesem kostbaren Moment, in dem Ihre Seele aus dem durch den Schlaf vermittelten »Heimaturlaub« zurückkehrt, doch einmal ganz bewusst bei sich. Bei den Empfindungen, die sich Ihnen in diesen wenigen Sekunden mitteilen, bevor Ihre Gedankenwelt wieder aktiv wird, handelt es sich um die wahrhaftige Eigenbeurteilung Ihrer Vergangenheit mit allen Erlebnissen, Handlungen und Beobachtungen. In diesem kurzen Moment könnten Sie ungestört feststellen, was Ihnen (Ihrer Seele) gutgetan, also Freude gemacht hat und was schlecht und überflüssig war oder Ihnen sogar Schaden zugefügt hat. Diese immens kurze Zeitspanne – meist sind es nur drei bis fünf Sekunden – können Sie, nachdem Sie die in einem späteren Kapitel besprochene Gedankenkontrolle erlernt haben, beliebig verlängern und speichern, und das ist wichtiger als das »Merken« von Träumen.

Erfahrungsgemäß kann von einem jungen Menschen (bis 28) noch nicht verlangt werden, dass er diese Beobachtungen macht und Konsequenzen daraus zieht. Ab 30 sollte diese kontemplative Selbstbetrachtung jedoch so selbstverständlich werden wie das Zähneputzen. Warum?

Weil diese Betrachtung Ihnen eindeutige Hinweise auf Ihre Dos and Don'ts gibt, und weil Sie in diesen kostbaren Augenblicken, in denen Sie noch eins mit Ihrem Selbst sind, ganz klar erkennen können, was Sie loslassen müssen und was Sie festhalten und ausbauen sollten. Es gibt einen Film, in dem diese bewusste Vereinigung von Animus, Anima und Höherem Ich in vollendet schönen Symbolbildern gezeigt wird: *Der Tag des Falken*. Rutger Hauer spielt darin einen mit einem Fluch belegten Gardekommandanten, der nächtens zum Wolf wird. Begleitet wird er von seiner ebenfalls unter einem Zauberbann stehenden Geliebten (Michelle Pfeiffer), die tagsüber ein Falke ist und erst, wenn die Sonne untergeht, wieder ihre menschliche Gestalt erhält. Nur in dem winzigen Moment des ersten Lichteinfalls ist es den beiden Liebenden vergönnt, sich gegenseitig als das Menschenpaar wahrzunehmen, das sie einst waren und sehnsüchtig wieder zu werden versuchen.

Wir alle werden aus der Gewissheit der Vollkommenheit geboren. Doch die irdischen Bedingungen decken diese Gewissheit zu und machen aus ihr eine vage Erinnerung, eine Ahnung, die zeitlebens vom Zweifel einer Sterblichkeit bedroht wird, welche uns die Materie suggeriert. Dabei hätten wir die besten Möglichkeiten, unsere Schutzschilder oder sogar Waffen gegen diese Vereinnahmung zu erheben. Das Erstaunliche ist, dass sich nur etwa fünf Prozent aller Menschen dieser Abwehrmöglichkeiten bewusst sind und dass – noch erstaunlicher – nur etwa anderthalb bis zwei Prozent sie wirklich einsetzen.

Es gibt überraschend viele Anbieter von Kursen, deren Beschreibungstexte die Hoffnung wecken, dass die Verwendung der eben erwähnten Schutzmaßnahmen dort vermittelt wird. Und manche Kurse erfüllen diese Hoffnungen sogar. Doch der Prozentsatz der Kursteilnehmer, die das Erlernte auf Dauer tatsächlich anwenden, ist wiederum verschwindend klein.

»Zu wenig Zeit« ist das am häufigsten vorgebrachte Argument. »Zu wenig Bewusstsein«, muss man leider antworten. Denn hier wird zwar eine Rüstung angeboten, doch anschließend wird ein Seidenhemdchen daraus gemacht.

»Wir müssen wach sein
Aus Träumen hochgeschreckt

Wir müssen wach sein
Von Argwohn geweckt
Wir müssen wach sein
Und nicht zu schwach sein,
Um nicht durchzudrehen …«

So sang einst die italienische Künstlerin Milva. Das Wachwerden ist ein schmerzlicher Reinigungs- und Erkenntnisprozess, der dem bewussten und dadurch selbstverständlichen Loslassen vorausgehen *muss*, denn sonst werden Sie in dem ständigen Gefühl leben, schmerzlich auf etwas verzichtet oder etwas Wichtiges versäumt zu haben, oder Sie würden ständig am Nutzen der ganzen Aktion zweifeln, was noch schlimmer wäre.

Bevor ich nun sämtliche Abwehrmöglichkeiten mit Ihnen bespreche, möchte ich, dass Sie wirklich wissen, wogegen Sie sich wehren und schützen sollten, und auch eine Ahnung davon bekommen, wie Sie mit dem Thema Angst umgehen können. Denn das »Losgelassene«, das seinen Halt und seine Heimat bei Ihnen gefunden zu haben glaubte, hat seine Existenz durch eine Kraft legitimiert, die es aus Ihrem Seelenkörper gezogen hat, und wird diesen Entzug nicht kampflos hinnehmen. Seine »Wiederverwendungsangebote« und die notwendige, mit dem Loslassen einhergehende Veränderung der Perspektiven und Muster erzeugen fast immer einen Zustand, auf den der Seelenkörper mit einer Neuorientierung seiner Kräfte reagieren muss, was von der betreffenden Person als »schlechtes Befinden« oder Angstgefühl empfunden wird.

Fürchten Sie sich vor Umzügen? Ich habe gerade meinen 23. (!) hinter mir, und er fand statt, während (!) ich dieses Buch schrieb. Er hat nicht wirklich gestört, denn als bestens trainierter Ortswechsler weiß ich: Der Horror *muss* und *wird* enden, und das wird umso schneller gehen, je klarer mir ist, dass *ich* und nur *ich* Produzent, Regisseur und Hauptdarsteller in diesem Film bin. Selbst wenn ich delegiere, habe ich die Übersicht (sprich Aufsicht) zu behalten, die Verantwortung zu tragen, für geeignete Hilfskräfte zu sorgen, klare Anweisungen zu geben und genügend Erholungsmomente einzuplanen. Vorbereitung ist alles. Die Planung muss fachmännisch sein. Und dennoch muss von vornherein akzeptiert werden, dass nichts so laufen wird, wie es geplant war, weil die Dinge des Lebens eine Eigendynamik haben, die sich zu fünfzig Prozent der klügsten Planung entzieht. Wer das begriffen hat, kann als Bankräuber erfolgreich sein, jede Spielbank sprengen oder zum Meister des Loslassens werden. Die Grundlage muss stimmen, Ihre ganz persönliche Einstellung muss gut und klug vorbereitet sein, damit das »Werk«, Ihr Vorhaben schließlich von Erfolg gekrönt sein kann.

Ich kann einen Umzug heute beschließen und ihn übermorgen beendet haben. Das kostet unendlich viel Kraft, sehr viel Geld und noch mehr Nerven. Aber es ist möglich, wenn ich weiß, wie es geht. Natürlich können Sie auch Ihr Loslass-Programm innerhalb von drei Tagen durchziehen. Fragt sich nur: Warum diese Gewaltaktion? Es sei denn, es geschieht ganz einfach und selbstverständlich, so wie bei Lisa della Casa: Ich mache nicht mehr mit. Ich bin raus aus dem Spiel. Und Tschüss! Keine Nerven, keine Kraft. Kein Geld. Nur: Nein, danke!

Allerdings – wenn Sie ganz sicher wüssten, dass es bei Ihnen genau so ablaufen würde, hätten Sie nicht zu diesem Buch gegriffen. Es soll Sie nicht reuen, denn möglicherweise können auch Sie den »Della-Casa-Effekt« erleben, wenn Sie sich der Realität stellen und bereit sind, ohne Kompromisse entsprechende Konsequenzen zu ziehen. Je besser ein Mensch über die innere Beschaffenheit von Vorgängen informiert ist, desto weniger wird er sich ängstigen oder abschrecken lassen und desto klüger kann er agieren und reagieren.

Deswegen werde ich Ihnen hier zunächst das »technische Grundlagenwissen« vermitteln, das Ihnen die Auswahl erleichtert und das auch die Durchführung Ihres Loslass-Prozesses überschaubarer und leichter machen wird. *Ihr Loslassen, das wir ab sofort auch Ihre Selbst-Transformation nennen, findet immer auf drei Ebenen gleichzeitig statt, nämlich auf der geistigen, der seelischen und der materiellen.* Innerhalb dieser drei Dimensionen haben Sie mehrere Möglichkeiten, Ihre Veränderung zu gestalten, Ihre ganz persönliche Form des Absegnens Ihrer »Verlassenschaft«, nämlich:

a. die bewusste, freiwillige, aktive Veränderung,
b. die an das Höhere Selbst abgegebene Veränderung,
c. die Bejahung einer schicksalsmäßig herbeigeführten Veränderung.

Version A würde von Ihnen verlangen, dass Sie in absehbarer Zeit aufstehen, laut sagen, was Sie verändern werden (nicht wollen!), und es dann hundertprozentig tun. Diese Handlungsweise erfordert zunächst eine kontemplative Innenschau, eine genaue Betrachtung Ihres bisherigen Lebens und eine klare Erkenntnis der bisherigen Korrektureingriffe des Schicksals.

Muten Sie sich keine großartigen Verzichtsaktionen zu, die Sie später nicht durchhalten können. Lieber mit kleinen Schritten gewinnen, als mit großen zu stolpern. Ihre Selbstbeurteilung muss ohne Emotion und Emphase erfolgen, dafür aber mit kühlem Verstand und im Bewusstsein der Verantwortung für die Konsequenzen, die Sie selbst tragen müssen und denen auch Ihr Umfeld ausgesetzt sein wird. Diese Art der Selbsterziehung ist nur starken Persönlichkeiten und willenserprobten Charakteren zu empfehlen.

Möglichkeit B eignet sich für Menschen, die fest entschlossen sind, ihr Leben zu ändern, sich aber selbst nicht in der Lage sehen, diese Veränderung herbeizuführen. Hier wird etwas an den Kosmos abgegeben, und zwar in vollem Vertrauen auf eine übergeordnete Weisheit, welche für die besten Möglichkeiten und Fügungen sorgen wird, um das Loslassen zu bewirken.

Version C ist die am wenigsten empfehlenswerte, denn sie läuft ohne Terminplan und ohne thematische Festlegung ab. Hier wird es einfach dem Lauf des Schicksals überlassen, ob, wann und wie sich die Veränderung anbietet.

Ich will nicht verschweigen, dass ich selbst Methode C sehr schätze. Aber um sie nutzbringend anzuwenden, benötigt man ein paar Voraussetzungen, die nur nach intensiven Vorarbeiten gegeben sind. Dazu gehören die genaue Kenntnis des eigenen Schicksalsplans, die absolute Einhaltung der persönlichen Do-and-Don't-Liste und nicht zuletzt sehr viel Mut und spontane Entschlusskraft.

Nun müssen die drei Möglichkeiten in Zusammenhang mit den drei Ebenen (geistig, seelisch, materiell) gebracht werden, denn das Loslassen bezieht sich auf *jede* dieser Ebenen, ganz gleich, ob Sie sich vom großmütterlichen Kuchenbuffet trennen, aus einer Beziehung lösen oder Ihren Beruf wechseln wollen.

Beschäftigen wir uns also einmal mit der geistigen Dimension und versuchen uns vorzustellen, wie sich ein »Loslassen« auf dieser Ebene abspielen könnte. Unser Gehirn kann als eine Art Atmungsorgan des Geistes angesehen werden, das sich jedoch individuell einsetzen und prägen lässt. Es besteht aus über hundert Milliarden Nervenzellen, die auf einer 760 000 Kilometer langen Verbindungsstrecke interagieren, das heißt, auf die Reize reagieren, die wir ihnen bieten. Diese Reize können über mentale Einflüsse, seelische Empfindungen oder materielle Konfrontation erfolgen, allerdings nicht ohne den Kraftstoff »Geist«, denn ohne ihn funktioniert gar nichts.

Was ist unter »Geist« und »geistig« zu verstehen? Wie wir alle wissen, ist Geist immateriell, also nicht greifbar, sichtbar oder hörbar. Mithilfe des Geistes, den wir über die Schaltzentrale unseres Körpers, das Gehirn, in Anspruch nehmen und unserer Wahrnehmung zur Verfügung stellen, funktioniert unsere gesamte Gedankenwelt, und das schließt intelligente Problemlösungen genauso ein, wie unsere Überlegungen zur Gestaltung eines netten Abendessens.

Obwohl wir den Geist ganz selbstverständlich verwenden und uns häufig als Erzeuger fühlen, die sich dieses »Stoffes« bedienen und ihn auf sämtliche Funktionen ihrer Physis übertragen, ist es bei genauer Betrachtung ähnlich lächerlich zu behaupten, dass wir Geist »erzeugen«, als würden wir von unserem Laptop behaupten, er stelle die elektrische Energie, mit denen er seine Funktion erfüllt, selbst her. Der Laptop ist und bleibt eine Empfänger-, Sende- und Speicherkonstruktion, genauso wie das Menschenhirn. Beide können nur durch ein geistbegabtes Wesen in Aktion gebracht werden, das sich über diese, zugegeben genialen, materiellen Medien ausdrückt.

Je weniger ein Mensch gelernt hat, mit seinem Gehirn (Computer, Auto usw.) umzugehen, desto mehr wird er das Gefühl haben, dessen Funktionen ausgeliefert zu sein. Je umfangreicher seine Informationen sind und je mehr Erkenntnisse er durch Beschäftigung, Interesse und Erfahrung gewonnen hat, desto größer wird die »Mächtigkeit« des Benutzers. Ohne Geist (elektrischen Strom, Benzin u. ä. Kraftstoffe) kommt der »Apparat« zum Erliegen. Und wenn der »Apparat kaputt« ist, existiert der Geist (Benzin, Strom) zwar noch immer, kann sich aber nicht mehr ausdrücken, weil das Ausdrucksmedium fehlt. Wir Menschen sind Ausdrucksmittel eines individuell (ich) *und* (nicht oder!) kollektiv (wir) wahrgenommenen Kraftwesens, dem wir zugehörig sind und auf dessen Gestaltung und Entwicklung wir Einfluss nehmen, genau wie dieses Kraftwesen mittels »Geist« auf uns Einfluss nimmt.

Die Intensität dieser Wechselwirkung hängt von der Bewusstheit des Benutzers ab, in diesem Fall also von der Bewusstheit des Menschen. Gebe Gott, oder welche Macht auch immer, dass es irgendjemandem vergönnt sein wird, diese Zusammenhänge endlich mit naturwissenschaftlichen Mitteln zu beweisen, damit diese, eigentlich seit mehr als 2000 Jahren bekannten Zusammenhänge nicht mehr Gegenstand endloser Diskussionen sein müssen. Für dieses Buch genügt es zu wissen, dass wir »Geist« nach Charakter und intelligentem Vermögen verwenden können und dass sich unser sogenanntes Wesen, also das Ich, mithilfe von Geist auf dieser Erde physisch darstellen lässt.

Innerhalb dieses komplexen Systems Mensch haust das Ich, das für den Rest des Buches die Hauptrolle spielen wird. Dieses Ich ist der Teil Ihrer Person, den Sie als das anerkennen, was sie von sich und über sich selbst verstehen, wenn Sie »Ich« sagen. Niemand anderer kann dieses Wort für Sie verwenden. In dem Moment, wo Sie es aussprechen, teilen Sie einem Du, einer Gruppe oder dem Rest der Welt etwas über eine Aktion, eine Befindlichkeit oder eine Selbstwahrnehmung mit, und das ist bei achtzig Prozent der Aussagen, die Sie tätigen, von einer Willensäußerung gekennzeichnet.

Dieser Wille, über dessen tatsächliche Freiheit auch die Forschungen in den nächsten sechzig Jahren noch neue (oder uralte) Erkenntnisse bringen werden, ist eine vom Ich verwaltete Instanz, die unentwegt angehalten ist, uns Entscheidungen abzuverlangen. Zum Glück ist es uns erspart geblieben, diese konstante Stressbelastung unentwegt mit vollem Bewusstsein wahrzunehmen. Trotzdem strengt sie uns permanent an und trägt – abgesehen von dem ganz normalen physischen Energieverbrauch – ganz erheblich zu der Müdigkeit bei, die zu einem erhöhten Schlafbedürfnis führt und schließlich zum Altern und zum Tod. Natürlich haben wir die Chance, während wir schlafen, Kraft zurückzugewinnen, doch ab der Lebensmitte (42) ist es niemals mehr dieselbe Menge an Kraft, die wir am Vortag im Moment des Erwachens zur Verfügung hatten. Jeder Morgen sieht uns ein bisschen älter und ein Stückchen weiter auf dem Lebensweg, der ebenso endlich ist wie unsere tägliche Kraftreserve.

Wenn Sie die letzten Zeilen aufmerksam gelesen haben, müsste jetzt eigentlich eine finale Erkenntnis in Ihnen aufgestiegen sein: Wenn es das ewige Hin und Her der Entscheidungen ist, das mich täglich meine Lebenskraft kostet, dann muss dies auf der Stelle reduziert werden!

Ganz richtig erkannt, diese Notwendigkeit. Und nun geht es nur noch darum, das Problem zu analysieren und in den Griff zu bekommen. Der Trick, den es zu erlernen gilt, heißt Selbst-Beobachtung. Ab dem Moment, wo Sie gelernt haben, sich selbst zu beobachten (im Gegensatz zu »sich selbst beachten«), können wir uns dem eigentlichen Thema dieses Buches zuwenden, das, wie Sie längst ahnen, »Neukoordination meines neuronalen Systems und Neugestaltung meiner Lebensführung« heißt. Die Kurzform für dieses persönliche »Relaunching« heißt Loslassen.

Wenn Sie sich jetzt bitte noch einmal die drei biografischen Skizzen im ersten Kapitel dieses Buches anschauen, wird Ihnen auffallen, dass dieses persönliche »Relaunching« in nur einem der geschilderten Fälle auf einer rein geistigen Ebene stattgefunden hat, nämlich bei Augustinus. Er ist aber keineswegs der Einzige, der eine solche Kollision mit dem Überbewusstsein, auch Über-Ich genannt, erlebte. Es kommt auch in der heutigen Zeit durchaus vor, dass ganz unauffälligen Normalbürgern an der Straßenbahnhaltestelle ein solches Erlebnis geschenkt wird, und dann sind diese Menschen genauso erschüttert und fühlen sich genauso fassungslos ausgeliefert wie der junge Augustinus.

Doch was hat sich bei Augustinus denn nun wirklich verändert? Was ist anders geworden an seinem Charakter und an seiner Persönlichkeit?

Geben Sie in eine Kartoffelsuppe fünf Esslöffel Zucker. Bringt dies die ursprüngliche Substanz zum Verschwinden? Genauso war alles, was den jungen Augustinus vorher ausgemacht hatte, auch nachher noch vorhanden. Doch ein Attribut war hinzugekommen, das seine bisherige Lebensform überflüssig, ja sogar unmöglich machte und bewirkte, dass sich sein Empfindungs- und Verstandesvermögen um 180 Grad drehte: ein inspirativer Erkenntnismoment. Auch Sie werden alles behalten, was Sie als die Persönlichkeit ausmacht, die man bis heute gekannt hat, wenn Sie sich auf eine individuelle Transformation auf der geistigen Ebene einlassen. Aber Ihr Umgang mit Ihrer Gedankenwelt wird sich verändern. Das wird sich sehr schnell auf Ihr emotionales Empfinden und Ihre Handlungen auswirken und damit auch auf Ihre Wegbegleiter, auf die materiellen Dinge, mit denen Sie sich umgeben und über die Sie sich definieren (Kleider, Schmuck, Wohnung, Auto usw.) sowie auf die Reviere, die Sie frequentieren (Geschäfte, Restaurants, Erholungsorte usw.).

Dies alles wird entweder sanft und selbstverständlich vor sich gehen oder wie ein Erdbeben. Es kann sieben oder siebzig Jahre oder sieben Stunden und sieben Minuten dauern, bis kein Stein mehr auf dem anderen liegt. Zu Ihrer Beruhigung, Sie werden dann in jedem Fall wissen und fühlen, dass es gut ist, selbst wenn die anschließenden Räumungsarbeiten aufwendig sein sollten.

Doch kommen wir zum Punkt. Wie erreichen Sie diese unglaubliche Transformation?

Da stellt sich zunächst die Gegenfrage: »Wollen Sie das A-, das B- oder das C-Erlebnis?« Also die sofortige, völlig bewusste und endgültige Veränderung, oder doch lieber das vom Kosmos (den Göttern, den Engeln, der Zeit usw.) unterstützte Modell? Oder wagen Sie gar Version C, bei der Sie nie wissen, aus welcher Ecke der Ball geflogen kommt, ihn aber trotzdem fangen müssen? Vermutlich sind Sie noch unentschlossen, weil Sie noch gar nicht wissen, *was* denn konkret *getan werden muss*.

Ich sage es Ihnen: Suchen Sie in Ihrer Gedankenwelt so lange, bis Sie eine nicht emotional verankerte Meinung oder Einstellung gefunden haben, an der Sie seit Jahren (je länger, desto lieber) festhalten. Es ist gar nicht so schwer, solche Stützpfeiler des eigenen Denkgebäudes aufzuspüren. Sie zu verändern gestaltet sich äußerst schwierig, sie auszulöschen ist schier unmöglich. Als Beispiel gebe ich Ihnen ein Denkmuster, das Sie sicher kennen und das man in der Regel als Kind implantiert bekommt, meist via Religionsunterricht. Es heißt: *Wer sündigt, wird vom lieben Gott bestraft.*

Sagen Sie jetzt nicht einfach, Sie hätten diesen Satz längst aus Ihrem persönlichen Schreckensrepertoire gestrichen. Machen Sie sich vielmehr klar, dass er zwei archaische Saugnäpfe enthält: die Worte »Gott« und »Sünde«. Jahrhundertelang haben sich unsere Vorfahren Geschichten von dem beleidigten Gott des Alten Testaments anhören müssen, der trotz aller Güte auch als fürchterlicher Rächer und Bestrafer auftreten konnte, wenn jemand zum Sünder geworden war. Sie wollen doch nicht wirklich glauben, dass Sie etwas, das schätzungsweise 4000 Jahre lang Glaubens- und Identitätsgrundlage einer ganzen Kultur war, in ein paar Jahrzehnten eliminieren können. Und selbst wenn dies möglich wäre, gilt immer noch: Wo man eine Basis radikal und ersatzlos entfernt, entsteht ein Vakuum und in der Folge machen sich Rat- und Haltlosigkeit breit.

Kommt Ihnen das bekannt vor? Ja, wir leben in einer rat- und haltlosen Zeit, die uns für so manches losgelassene Denkmuster keinen Ersatz liefern konnte und wollte. Schließlich haben wir die große Freiheit entdeckt, die Liberation der Persönlichkeit und ihrer Entwicklung, die Selbstverwirklichung, die Emanzipation. Die Parole lautet: *Kein Gott, keine Sünde, keine Moral, kein schlechtes Gewissen*.

Was ist der Ersatz für diese entzogenen Orientierungspunkte, die sich samt und sonders auf die menschliche Seele und das geistige Lebens beziehen? Der Ersatz – bitter aber wahr – kam in Form von technischen Erzeugnissen, den Ergebnissen einer fast unerklärlich rasanten Entwicklung, und überfordert die gesamte Menschheit derart, dass sie völlig verrückt spielt und eben dabei ist, die Verbindung zu ihrer inneren Orientierungsinstanz zu verlieren, die als Höheres Ich bekannt ist und dafür sorgt, dass die menschliche Psyche (also das neuronale System) gebrauchsfähig bleibt.

Wen interessieren die Angriffe außerirdischer Intelligenzen? Die Angriffe überaus irdischer Intelligenzen, denen wir täglich ausgesetzt sind, sind so bedrohlich, dass es keiner Außerirdischen mehr bedarf, um unsere geistige und seelische Gesundheit und Sicherheit zu gefährden. Unsere Nervensysteme und Gehirne wurden buchstäblich von Handys gegrillt, vom Internet konditioniert und absorbiert, von Funkwellen bombardiert und von vergifteter Nahrung umprogrammiert. Und dann hören wir wie zum Trost, dass die Fernseher noch flacher, die Kommunikationsmaschinen noch schnurloser und die Ersatzteile für den menschlichen Körper noch vollkommener werden.

Erkennen Sie bitte (bitte, bitte!), was Sie zuerst loslassen müssen. Sie müssen vor allem anderen Ihre Bereitschaft loslassen, an diesem Höllenprogramm mitzuwirken. Und begreifen Sie bitte auch, dass Ihre einzige Waffe dieses neuronale Wunderwerk ist, das sich unter Ihrer Hirnschale befindet und das in spätestens zwanzig Jahren so deformiert sein wird, dass die Menschheit noch viel mehr Dinge gutheißen wird, über deren No-Go-Charakter sie sich einst vollkommen einig war. In spätestens zwanzig Jahren wird dieses Buch verbrannt werden und ich, so ich noch lebe, mit ihm (was, schon wieder?), denn wir sind der Sand im Getriebe einer ganz bestimmten Entwicklung, nämlich dem Fortschreiten der subliminalen Beeinflussung, welche die maschinelle Erzeugung von Denkmustern gutheißt und diese irgendwann offiziell anbieten wird. So wie man Ihnen heute Flatrates zum Sonderpreis und Kredite für Schönheitskorrekturen offeriert, wird man dann versuchen, Ihnen sogenannte »Intelligence Optimizer« unterzujubeln. Auch Schulen werden bald dazu übergehen, den Lernstoff mittels maschineller Übertragung in die Speicher unseres Cortex einzuschleusen und nebenbei sicher auch das, was wir heute in der Computersprache als »Trojaner« bezeichnen: scheinbar harmlose Software, über die dann zersetzende und zerstörende Schadprogramme eingeschleust werden. Ab sofort höre ich mir gern an, dass ich eine Schwarzmalerin bin, die nur die »dunkle Seite der Macht« sehen will. Doch es tut mir leid: Ich kann diese Dinge einfach nicht mehr übersehen. Und ich kann und will da auch nicht mitmachen.

Führen Sie sich bitte noch einmal das Denkmuster vor Augen, das da heißt: *Wer sündigt, wird vom lieben Gott bestraft*. Bevor wir dieses Denkmuster transformieren, werde ich Ihnen erklären, warum wir uns mit diesen sieben Worten auseinandersetzen müssen. Dieser Sieben-Worte-Bau ist die Grundlage unserer geistigen Existenz, unserer Triebe und unseres Willens, unseres sozialen Verhaltens, unserer Moral und ethischen Einstellung, unserer Kommunikationsfähigkeit. Soll ich fortfahren?

Nein, ich will Sie nicht in alttestamentarische oder inquisitorische Szenarien zurückversetzen, sondern nur Versäumtes nachholen, damit Sie das *Loslassen wirklich tun* können, sprich: damit Sie sich wirklich von dem lösen können, was Sie nicht nur festhält, sondern regelrecht verblöden lässt, manipulierbar macht und zu einem willigen Werkzeug von Machthabern, die Sie ganz bestimmt nicht gerahmt in Ihrem Wohnzimmer hängen haben wollen.

Es ist sinnlos, Ihnen trickreiche Übungen zur Veränderung Ihrer Denkmuster anzubieten, solange Ihre natürlichen Seelenkräfte nicht stark genug sind, diese Übungen durchzuhalten. Vielleicht ist Ihnen bis jetzt noch gar nicht aufgefallen, wie viel Prozent Ihrer ursprünglichen geistig-seelischen Widerstandskräfte Ihnen bereits abhandengekommen sind. Denn dieser Verlust Ihres moralisch-ethischen Empfindens und Ihrer anderen Denk- und Seelenkräfte ist ein schleichender Prozess, den Sie schon deswegen kaum bemerken, weil Ihr normales Bewusstsein mit den unglaublichsten Ablenkungsmanövern buchstäblich betäubt wird.

»Wer tut so etwas?«, werden Sie jetzt erschreckt oder erstaunt fragen. Dazu kann ich nur sagen: Wenn Sie sich wirklich umfassend über dieses Thema informieren wollen, wenden Sie sich an einen Physiker oder, noch genauer, an die beiden Atomphysiker Grazyna Fosar und Franz Bludorf. Diese beiden können Ihnen nicht nur die tiefsten wissenschaftlich fundierten Hintergründe aufzeigen, sondern riskieren es auch, die Namen derer zu nennen, die ein Interesse an einer Bewusstseinsverlagerung des Volkes haben. Bei mir selbst waren keine physikalischen Abhandlungen nötig. Ich bin diesem schleichenden Verlust einfach dadurch auf die Spur gekommen, dass ich die Veränderung meines Verhaltens, meines Denkens und meiner Be- und Empfindlichkeit unmittelbar nach bestimmten, länger (mehr als 10 Minuten) andauernden Beschäftigungen beobachtet habe. Es handelte sich um folgende Beschäftigungen:

- das Anhören sogenannter U-Musik, wie sie heute von allen bekannten Sendestationen ausgestrahlt wird,
- das Surfen im Internet,
- die Beschäftigung mit Computerspielen,
- Telefonate mit einem DECT-Telefon oder einem Mobiltelefon (Handy),
- Aufenthalte in sogenannten Einkaufszentren und
- Aufenthalte in Räumlichkeiten, die unter Beobachtung stehen, beispielsweise Flughäfen, öffentliche Verkehrsmittel, Banken usw.

Die negative Veränderung, die ich spürte, bezog sich auf folgende Fähigkeiten: Konzentration, Wahrnehmung, Reaktion, Aufnahme- und Denkvermögen, Kreativität, Gedächtnisleistung, Kommunikation, seelischer Widerstand, Beurteilungsschärfe, soziales Verhalten wie Geduld, Hilfsbereitschaft, Toleranz und so weiter. Außerdem stellten sich wie aus dem Nichts Depressionen, Hochstimmungen und extreme Gefühlsschwankungen ein.

Nein, ich war *nicht* in den Wechseljahren, nehme keine Drogen, trinke nicht und achte auf genügend Schlaf. Weiterhin bin ich, wie alle anderen Leidensgenossen, die ich im Laufe von zwölf Jahren traf, von keiner Krankheit befallen, welche die Störungen hätte bewirken können. Das am meisten Auffallende war und ist jedoch die nahezu lähmende Müdigkeit, die sich bei uns allen einzustellen pflegte, wenn wir uns länger als 30 Minuten an bestimmten Orten aufhielten oder von einer der vorgenannten Betätigungen absorbiert waren.

Ich war bis vor elf Jahren ein Fernsehfreak, begeisterter Musikhörer, Telefonierer und Computerbenutzer. Dann erkannte ich die Zusammenhänge, und nach vielen Gesprächen mit Neurologen, Physikern und Pädagogen-Kollegen änderte ich meine diesbezüglichen Verhaltensweisen radikal. Ich wollte nicht mehr subliminal beeinflusst werden. Doch erstaunlicherweise reichte mein Wille allein nicht mehr aus. Um mein Abwehrsystem wieder in voller Kraft und mit vollem Bewusstsein nutzen zu können, musste ich mir bestimmte Fähigkeiten buchstäblich zurückerobern, und zwar dadurch, dass ich gewisse Denkmuster, die sich ganz unschuldig und unscheinbar bei mir eingenistet hatten, zu korrigieren und zu entfernen begann. Eine Chemotherapie hätte nicht anstrengender sein können. Mir war, als müsse ich jeden Tag gegen einen sehr viel stärkeren Widersacher mit sehr überzeugenden Gegenargumenten antreten. Es ging lange Zeit drei Schritte vor und zwei zurück, doch dann schien das, was mich zu vereinnahmen versuchte, die Lust an mir zu verlieren.

Dachte ich.

Ich dachte falsch.

Denn plötzlich veränderten sich die Verhaltensweisen in meiner Umgebung. Die Menschen wurden zunehmend aggressiv. Ganz gleich, ob ich bei einer Behörde vorsprach, in der U-Bahn fuhr oder ins Kaufhaus ging, ich wurde in einer Weise angefeindet wie noch nie in meinem Leben. Nein, die Leute kannten mich nicht, und ich verhielt mich nachweislich *nicht* anders als zuvor. Ich versuchte, gleichbleibend gleichgültig zu reagieren, doch das schien meine Umgebung nur noch mehr anzustacheln. Schließlich wandte ich mich an Monnica Hackl.

Dr. Monnica Hackl ist Schamanin. Sie verstand sofort, was ich meinte, und sie spürte wie ich, dass da »etwas« war. Dieses »Etwas« ist kein böser Geist, kein austreibungswürdiges Besetzungswesen und auch keine außerirdische Macht, sondern ein bestimmtes Kraftfeld, das in Aktion tritt, wenn ein Individualfeld sich dem Kollektiv nicht mehr wie bisher ein- und unterordnet, sondern entgegen dem »Mainstream« neu orientiert und entsprechend anders verhält. Ich bin weder fanatisch noch ein Querulant und durchlaufe auch keine Entwicklung in diese Richtung. Monnica Hackl erkannte das und erklärte mir, dass bei Hypersensibilität all diese Vorgänge vom Betroffenen um ein Vielfaches stärker wahrgenommen werden. Der seelisch-geistige Widerstand führt dazu, dass sich eine Person auf eine höhere Ebene einschwingt als die anderen und dass sie dadurch von den anderen als »Fremdkörper« empfunden und bekämpft wird.

Ich war also zur Fremdratte im Labor geworden. Vielleicht haben Sie schon von diesen Versuchen gehört: In einem bestehenden Rattenverband wird eine Ratte aus einer anderen Gruppe ausgesetzt, was sofort missbilligend konstatiert wird, denn sie »riecht« anders. Weil ihre Ausdünstung dem Geruch ihrer eigenen Stammesgenossen entspricht, wird sie von dem bestehenden Verband als bedrohlicher Eindringling und feindliche Existenz klassifiziert. Die neue Ratte stirbt nach relativ kurzer Zeit, und zwar nicht, weil ihre Artgenossen sie totbeißen oder ihr den Zutritt zum Futternapf verwehren. Nein, sie stirbt aus Angst. Diese Angst ist eine Reaktion auf die Feindausdünstung, die ihr die Rattengesellschaft entgegenstellt und die ihr suggeriert: »Verschwinde, sonst bringen wir dich um!« Die Verhaltensforscher fanden auch heraus, wie man diesen Tötungsmodus umgehen kann: Man nehme die Fremdratte und reibe sie eine Zeit lang an einigen Ratten des Verbandes, damit sie den Geruch der Gruppe annimmt, in welcher man sie aussetzen will. Und siehe da: Kurzes Schnuppern und schon findet eine automatische Akzeptanz und Eingliederung statt.

Obwohl mir Maskierungen dieser Art widerstreben, dämmerte mir, dass in diesem Laborversuch zumindest der Denkansatz für eine Wiederherstellung des früheren Sicherheitszustandes enthalten sein könnte. Ich sprach mit Fosar und Bludorf über dieses Verhaltensmodell, und sie wussten sofort, was ich meinte. »Du hast zwei Möglichkeiten«, sagten sie. »Entweder du schottest dich ab sofort von der Umwelt ab oder du lernst, dich zu schützen.« Ich wollte mich nicht schützen.

»Du musst«, sagten die beiden, »du bist zu auffällig.«

»Für wen denn, bitte?«, fragte ich verzweifelt.

»Für die Kräfte, die eine geistig-spirituelle Entwicklung der Menschheit zugunsten einer totalen Technisierung verhindern wollen.«

Wer bitte, *wer* sind diese dunklen Kräfte, die sich über uns entladen und »Resistance-Angehörige« angreifen, schwächen und in den Ruin treiben? Es sind dieselben Kräfte, von denen die Mitmacher unterstützt und stabil gehalten werden und die ihnen vermeintliches Glück und Wohlstand verschaffen. Diese geistigen Energien hat es immer gegeben und sie werden ihren Einfluss auch weiterhin geltend machen. Niemand kann sich ihrem Einfluss entziehen, aber jeder kann sich dagegen wehren, und zwar durch Verweigerung der gedanklichen Beteiligung und aller damit zusammenhängenden Handlungen.

Der nachfolgende Brief, für dessen sehr freie Übersetzung ich mich bei allen Humanisten im Voraus entschuldige, zeigt, wie vor etwa zweitausend Jahren mit dem schon damals bekannten Problem umgegangen wurde, und könnte zusätzlich einige Verhaltensregeln beisteuern.

Lieber Lucilius,
dass Du Dich unbeirrt anstrengst und versuchst, täglich besser zu werden, ist lobenswert und freut mich. Ich stehe absolut hinter Dir und bitte Dich: Mach weiter so! Aber fang jetzt ja nicht an, durch Benehmen und Lebensführung aufzufallen, so wie bestimmte Leute, denen es nicht darum geht, im besten Sinn weiterzukommen, sondern die nur auffallen wollen.

Schlampige Kleider, ungewaschene Haare, unkontrollierter Bartwuchs, offen zur Schau gestellte Missachtung des Geldes, Herumlungern in der Öffentlichkeit und was der menschlichen Überheblichkeit sonst noch einfallen könnte, das meide!

Das Wort »spirituell« wird generell nicht gern gehört, auch wenn man sich noch so zurückhaltend zeigt. Wie wäre es erst, wenn wir anfangen würden, uns dem allgemein üblichen Lebensstil entgegenzusetzen? Im Inneren, da muss alles ganz anders sein, aber unser Aussehen muss sich dem Üblichen anpassen. Unsere Kleidung sollte nicht übertrieben modisch wirken, aber auch nicht schlampig. Wir haben es nicht nötig, uns mit Silber und Gold zu umgeben, sollten diesen Verzicht aber auch nicht demonstrativ als Zeichen unserer Bescheidenheit einsetzen. Unser Vorsatz sollte sein, durchweg auf eine bessere Lebensführung zu achten als die Allgemeinheit, aber nicht so auffallend anders, dass wir diejenigen abstoßen und von uns wegtreiben, die wir bessern möchten, und diese dann gar nichts mehr von uns übernehmen wollen, weil sie fürchten, überfordert zu werden. Spirituelles Bewusstsein fordert vor allem eine normale Lebensweise und einen freundlichen Umgang mit den Menschen, und würden wir uns dauernd anders benehmen, dann könnte unser vorbildliches »Anderssein« bald belächelt, wenn nicht sogar verhasst werden. Unsere Grundlage ist ein der Natürlichkeit entsprechendes Leben, nicht aber, den eigenen Körper zu misshandeln, die Regeln einfachster Sauberkeit nicht einzuhalten, das Schmutzige zu suchen, nicht nur minderwertige, sondern sogar ekelhafte, künstliche Nahrung zu sich zu nehmen, denn das ist naturwidrig. Genau so wie es Verschwendung ist, Delikatessen für sich zu beanspruchen, ist es verrückt, die üblichen gesunden und preiswerten Nahrungsmittel zu verschmähen. Zurückhaltung ist es, welche die Spiritualität verlangt, und nicht Selbstquälerei! Zurückhaltung und adrettes Auftreten vertragen sich aber absolut. Das, was mir gefällt, ist das richtige Mittelmaß, der goldene Mittelweg, den wir zwischen einer strengen Ordnung und dem allgemeinen Verhalten gehen müssen. Alle sollen unsere Art zu leben genau anschauen dürfen, aber sie sollte möglichst keinen Widerwillen auszulösen.

Tun wir dann aber eigentlich nicht dasselbe wie alle anderen? Gibt es denn dann noch einen Unterschied zwischen uns und den anderen? Doch, einen sehr großen! Jeder, der sich näher mit uns beschäftigt, soll finden, dass wir ganz anders sind als das Übliche. Wer uns besucht, der soll nicht so sehr unsere Einrichtung bewundern, als vielmehr uns selbst. Wer mit Tongeschirr so umgeht, als sei es aus Silber, der hat es wirklich geschafft!

Dieser Brief wurde vor fast zweitausend Jahren von dem großen Philosophen Seneca verfasst, und ich muss zugeben, dass ich die ursprünglichen Begriffe »Philosophie« und »philosophisch« durch »spirituelles Bewusstsein« und »spirituell« ersetzt habe, um den aktuellen Bezug deutlicher zu machen. Ich hoffe, der große Seneca verzeiht es mir mit der für ihn typischen stoischen Gelassenheit. Allerdings kann ich es mir nicht verkneifen, Ihnen mitzuteilen, dass Seneca es mit dem Verzicht auf das Demonstrieren materiellen Wohlstandes in Form von Gold und Silber, den er Lucilius hier empfiehl, selber nicht gerade übertrieben hat. Immerhin war er einer der reichsten Männer seiner Zeit, ein römischer Rockefeller sozusagen. Aber das braucht uns nicht zu stören. Die Frage ist nämlich nicht, wie viel jemand besitzt, sondern wie sehr er an diesem Besitz hängt.

Der Brief zeigt, dass unsere Themen nicht neu sind und dass es auch vor langer Zeit schon Probleme gab, wenn sich jemand in eine andere Richtung entwickelte als die Allgemeinheit. Seneca rät, sich unverstellt und eindeutig zu zeigen, völlig selbstverständlich und unaufdringlich: »Jeder, der sich *näher* mit uns beschäftigt, soll finden, dass wir ganz anders sind als das Übliche.« Das Selbstverständliche muss das Überzeugende sein, findet Seneca, und der Schutz, von dem meine beiden Physiker sprachen, entsteht bei ihm durch Unauffälligkeit sowie durch klares und bewusstes Abgrenzen von allem, was man als geistigen Hochmut bezeichnen könnte. Doch, um der Wahrheit wieder einmal die Ehre zu geben, sei auch gesagt: Der geistige Hochmut hat seine Heimat überall auf diesem Planeten und blüht vor allem innerhalb des Mainstreams, der seine Berechtigung und Bestätigung vor allem aus seinen massenkompatiblen Eigenschaften bezieht und den Mitmachern zumindest eine Zeitlang suggeriert, »recht« zu haben. Doch jeder Mainstream geht irgendwann buchstäblich »den Bach runter«, auch wenn er noch so lange andauert. Und was dann bleibt, sind die Tradition und die Formen, die man als *konventionell* bezeichnet.

Die Entwicklung bringt es mit sich, dass sich das Altbewährte, Edle und Gute ständig gegenüber dem Mainstream rechtfertigen muss, doch in dieser Konfrontation zeigt sich, was Bestand hat und was scheinbar oder tatsächlich für immer untergehen muss. Das scheinbare Verschwinden und eventuelle Wiederauftauchen findet erstaunlicherweise immer in einem Zeitraum von sieben Monaten oder sieben Jahren beziehungsweise einem Vielfachen von sieben Jahren (14, 28, 35, usw.) bis hin zu siebzig Jahren statt. Was dann nicht wieder aufgetaucht ist, hat sich entweder zugunsten eines anderen Potenzials aufgelöst oder kommt in anderer Verkleidung wieder, um seinen Segen oder sein Unwesen weiter zu verbreiten.

So mancher, auch längerfristige Mainstream ist abgrundtief unedel und würdelos, und das war schon immer so. Doch immer gab es gleichzeitig auch Menschen, die das Gute und Edle unbeirrt bewahrten und sich nicht auf die angeblich so befreienden Angebote und Segnungen einer neuen Zeit einließen, weil sie wussten, dass es Irrwege waren. Es ist nun weniger die Frage, woher diese Menschen ihre Sicherheit und die Kraft zu widerstehen hernahmen, als vielmehr, warum alle anderen sie *nicht* aufbrachten und die »Widerständischen« sogar angriffen, denunzierten und nicht selten umbrachten. Waren die Betroffenen auch noch wohlhabend, war der Gerichtsprozess, wenn es denn überhaupt einen gab, eine reine Farce und das Todesurteil eine von vornherein beschlossene Sache. Die Massaker von Masada und Montségur, die Ausrottung der Katharer, und die zahllosen anderen, schauerlichen Übergriffe in der Zeit der Inquisition sind nur einige Beispiele aus der etwas weiter zurückliegenden Vergangenheit. Und immer ging es ausschließlich um die drei bekannten Dinge: Besitz, Macht/Ruhm, Sex. Die Verteidigung des Glaubens war nur das Deckmäntelchen für dieses unselige Trio. Die Massaker der Neuzeit sind den damaligen Morden in ihrer perfiden Grausamkeit durchaus vergleichbar. Und die Denunziationen von heute sind nicht weniger infam als die vor fünfhundert und mehr Jahren.

Doch was sind das für Leute, die sich, von aggressiven Intentionen getrieben, dazu benutzen lassen, bewusst oder unbewusst negativ auf sensible Menschen zu reagieren? Ich musste lernen, dass es vor allem die sogenannten ganz Normalen waren, die wenig oder nichts hinterfragen und aus allem, was sich anbietet, das für sich herausholen, was ihnen zu nützen scheint oder »Spaß« macht. Diese Eigenschaften, die auf den ersten Blick völlig legitim und harmlos erscheinen, enthüllen ihre latente Gefährlichkeit im Charakter der Persönlichkeiten, deren Schwachstelle die Bereitschaft zum Mitläufertum, also Opportunismus ist. Mitläufer lieben den Mainstream, diesen goldenen Strom, von dem sich die Mehrheit so bereitwillig tragen lässt und dessen wirklichen Initiator eigentlich niemand genau zu benennen weiß. Denn diejenigen, von denen man glaubt, sie seien die Initiatoren, sind meist nur die allerschnellsten im Erkennen und Aufgreifen der angebotenen Richtung, unbewusst reagierende Marionetten, die sich als Protagonisten aufspielen. Diese Kapitäne der Mainstream-Schifffahrtsgesellschaft, die sich, getragen von der Energie des Zeitgeistes, als Erzeuger dünken, sind letztlich nichts weiter als die Handlanger von Systemen, denen sie zwar entsprechen, aber von denen sie keine Ahnung haben.

Nehmen Sie nur den jährlich hervorquellenden Mode-Mainstream. Glauben Sie wirklich, dass auch nur einer dieser »Designer« die Deformationsgebilde, die den Frauen hier als »letzter Schrei« angedient werden, selber anziehen oder an seiner Frau gern sehen würde? Haben Sie nicht schon selbst kopfschüttelnd Teile aus Ihrem Kleiderschrank entfernt, die Sie noch vor gar nicht allzu langer Zeit als unverzichtbar eingestuft hatten? Zum Glück schadet Mode nur dem Geldbeutel und den Nieren, wenn wieder bauchfrei proklamiert wird. Die Seele bleibt dabei relativ unbeschadet. Wäre doch alles so einfach zu entfernen wie Fehlkäufe aus dem Kleiderschrank! Doch leider ist die Menschenseele, die unentwegt aufgefordert ist, sich für oder gegen »Einkäufe« zu entscheiden, nicht so leicht zu entrümpeln. Denn das Seelengerümpel, das weit weniger genau begutachtet und abgewogen wird als Kleider, hat die fatale Eigenschaft, sich umso nachhaltiger einzulagern, je unbewusster es »eingefahren« wurde.

Vor nun fast dreihundert Jahren wurde Jean Jacques Rousseau geboren, der irgendwann in seinem Leben zu der Erkenntnis gelangte, dass der Mensch von seinem ursprünglichen Wesen her »gut« sei. In dem Satz davor widerspricht er sich zur Vorsicht selbst, lastet aber dieses »Schlechtsein« des Menschen ausschließlich der Gesellschaft an. Rousseau hat recht, und zwar mit beiden Behauptungen:

a. Der Mensch ist gut.
b. Der Mensch ist schlecht.

Der Philosoph hätte sich viel leichter getan, wenn er seinem Satz vom Gutsein des Menschen noch hinzugefügt hätte:

a. Der Mensch ist gut, solange er nicht wählen muss.
b. Der Mensch wird schlecht, wenn die Auswahl zu groß oder zu verlockend ist.

Und: Jeder Mensch will

a. Besitz,
b. Macht (Ruhm) und
c. Sex.

Als ich diese »Dreierbande« einmal in einem Kurs als Triebfeder des Menschen vorstellte, gab es großes Protestgeschrei! »Nein, nein«, hieß es da, »darüber sind wir weit hinaus, das wollen wir schon längst nicht mehr, das haben wir losgelassen!«

»Aha«, dachte ich mir, »ich bin also wieder mal im Club der Erleuchteten gelandet«, und ließ die Fee kommen. Meine Kursteilnehmer kennen meine Fee bestens. Sie taucht meist dann auf, wenn Lebenslügen geklärt werden müssen und ich nicht die Böse sein will, die sie aufdecken muss. Die Fee nimmt normalerweise die berühmten drei Wünsche entgegen. In meinen Kursen beschränkt sich das Füllhorn des Glücks wegen akuten Zeitmangels auf einen einzigen Wunsch – und der erfüllt sich dafür auch nicht gleich. Also, was wird gewünscht?

- Ich möchte heilen können.
- Ich möchte ein Super-Berater werden.
- Ich möchte ein Zentrum haben, in das alle kommen und wo sich alle wohl fühlen können.
- Ich möchte an meinem Arbeitsplatz mehr geachtet werden.
- Ich möchte eine andere Arbeit.
- Ich möchte eine/n Partner/in haben, mit dem/der ich mich *wirklich* (betont!) verstehe. Und so weiter, und so weiter.

Ja, und dann kommen die üblichen bösen Nachfragen der Fee, die es ganz genau wissen will, bevor sie zur eventuellen Wunscherfüllung schreitet:

»*Warum* willst du denn heilen können?«
»Ja, weil ich helfen will.«

»Warum bist du dann nicht Krankenschwester geworden?«
»Ach, da kann man doch nicht heilen!«
»Ach, glaubst du das?«
»Also, ich meine *richtig* heilen.«
»Was ist denn *richtig* heilen?«
»Also ... ja ... gesund machen auf der Stelle!«
»Aber das konnte bis jetzt nur Jesus, oder?«
»Ja, aber wenn ich den Wunsch frei hätte ...«
»... dann wärst du gern wie Jesus?«

Mir geht es darum, meinen Lieben klarzumachen, dass sich *alles,* was sie sich gewünscht haben, in einem schicksalsangepassten Rahmen verwirklichen kann, dass sie es selbst verwirklichen können, und zwar durch ihrer Hirne und Hände Arbeit. Dann werden sie vielleicht nicht Jesus gleich oder der Über-Berater, dann haben sie vielleicht nicht plötzlich wie aus dem Nichts die Super-Arbeitsstelle oder den Traumpartner. Aber möglicherweise werden sie ein guter Arzt, eine gute Pflegerin, ein geduldiger Zuhörer oder Mediator, vielleicht auch ein Anwalt. Und wenn bei der Arbeit das, was getan werden soll, mit ganzem Herzen und einem inneren Ja erledigt wird, dann wird das mit der Achtung und sonstigen Verbesserungen auch ohne Fee klappen. Das Problem ist, dass die geäußerten Wünsche eigentlich etwas ganz anderes zum Ausdruck bringen, nämlich:

- Ich will als Berater und als Zentrumsbesitzer über allen anderen stehen.
- Mehr haben, mehr sein, mehr ...
- Mehr Wohlstand, mehr Ruhm, mehr Macht
- Von der Allgemeinheit mehr ge- und beachtet und folglich besser bezahlt werden und dadurch ...

Loslassen, Leute! »Der Charakter des Menschen ist sein Schicksal«, hat Heraklit vor etwa 2500 Jahren gesagt, und ich wage hinzuzufügen: Und seine Triebfeder, sein Wille und seine Rettung ist die kritische Selbst-Beobachtung. Der Mainstream sagt: nach vorn, nach oben, raus aus dem Sumpf des Allgemeinen, hinauf in die lichten Höhen des Superstars, koste es, was es wolle. Und alle machen mit! Die einen mit materiellen Mitteln, die anderen mit Bildung und Intellekt. Und dann gibt es noch ein langsam, aber stetig wachsendes Häuflein Menschen, die den Begriff »Superstar« durch »erwecktes Bewusstsein« ersetzen. Es gibt diese Menschen, und es sind gar nicht so wenige, die nur kaufen, was sie *wirklich* brauchen, und zwar geistig, seelisch und materiell. Sie haben ihr Fort- und Weiterkommen in Gottes Hand gelegt und ordnen ihr Sein seinem Willen unter, ohne bigott und fanatisch zu sein, ohne Demonstrationen und Dekorationen und ohne Druck auf ihre Umgebung auszuüben. Die wollen richtig loslassen!

Doch kommen wir zurück zu der Umgebung, die das nicht nur nicht honoriert oder in Ruhe wachsen lässt, sondern es auch mit fühlbarem Widerstand beantwortet. Aber warum?

Warum wir inkarnieren, oder was die Erde von uns will

Jeder, der auf dieser Erde geboren wird, hat – symbolisch betrachtet – zwei Vereinbarungen unterschrieben, und zwar mit folgendem Inhalt:

Vereinbarung 1
Hiermit stimme ich dem irdischen Pachtvertrag in vollem Umfang zu.

Vereinbarung 2
Hiermit stelle ich mich während meines irdischen Aufenthaltes meinen im Jenseits Hinterbliebenen in vollem Umfang zur Verfügung.

Zu Vereinbarung 1
Die Pachtbedingungen dieser Erde beinhalten, dass sich jedes inkarnierte Wesen während des irdischen Aufenthalts den Bedingungen der Materie unterwirft und ihre Gesetze befolgt. Die Bedingungen besagen, dass den Bedürfnissen unserer Physis in vollem Umfang entsprochen wird, was so viel heißt wie: Wachse und mehre dich so nachhaltig wie nur möglich und richte dein Augenmerk vor allem darauf, möglichst viel Materie zu ergattern und zu verwenden. Ernähre deinen Körper gut, sichere dein Revier und verteidige es gegen Eindringlinge.

So viel zum Erdenvertrag.

Zu Vereinbarung 2
Wir sind geistige Wesen, die sich in einem materiellen Körper einnisten, um in der Materie zu sein und auf sie Einfluss nehmen zu können. Der Auftrag unserer geistigen Verwandtschaft lautet: Identifiziere dich so wenig wie möglich mit der Materie, aber finde alles über sie heraus. Und teile uns das Gefundene mit, damit wir dir unsere Ideen vermitteln können.

Wir sehen also, dass wir hier auf Erden ein ziemlich ambivalentes Dasein fristen, das zu allem Überfluss auch noch vom stetigen Verfall der Materie beroht ist. Auf der einen Seite sollen wir wachsen, uns mehren, uns die Erde untertan machen und die geistigen Einflüsse unserer nicht inkarnierten Verwandtschaft auf sie übertragen, auf der anderen Seite sollen wir uns nicht mit Besitz belasten und uns schon gar nicht mit ihm identifizieren oder über ihn definieren. Denn wir sind ja schon allein aufgrund unserer geistigen Ursprungsnatur nur Touristen auf diesem Planeten und müssen alles Materielle, was wir uns aneignen und aufbauen, wieder abgeben oder dem Verfall preisgeben. Die eigentlichen Herrscher dieses Planeten sind geistige, also körperlose Wesen, die sich über den Geist in die Denkvorgänge einschalten können, diese steuern und beeinflussen und damit auch Einfluss auf unsere Handlungen nehmen. Diese Wesen hocken durchaus nicht auf jedem einzelnen wie weiland Freiligraths Löwe auf der Giraffe (in dem unseligen Gedicht »Löwenritt«), sondern nehmen vor allem Einfluss auf das sogenannte kollektive Denken und damit auf das kollektive Bewusstsein.

Die Wesen, von denen hier die Rede ist, sind erdgebunden, das heißt, sie haben keine Ambitionen, sich geistig über das Materielle zu erheben oder von ihm zu lösen. Im Gegenteil, es geht ihnen darum, ihren Heimatplaneten möglichst gegen zersetzende geistige Einflüsse zu verteidigen und abzuschirmen.

Zersetzende geistige Einflüsse sind aus Sicht dieser Wesen vor allem:

a. der Glaube an Gott,
b. der Glaube an die Unsterblichkeit,
c. das Wissen um die Gott-Ähnlichkeit des Menschen,
d. die Erkenntnis über den Charakter der Materie,
e. die Erkenntnis über erdgebundene Wesen.

Die gefährlichste Erkenntnis ist aus Sicht dieser Wesen die über den Charakter der Materie. Ich spreche hier nicht von der Kenntnis der physikalischen und chemischen Zusammenhänge, sondern über das Wissen um die Verbindung zwischen der Materie und dem menschlichen Sein. Denn während der Mensch hier seine Lebenszeit durchläuft, bildet sich zwischen ihm und der Materie eine mehr oder weniger enge Bindung, die im Menschen eine Grundlage für die Beurteilung seines irdischen Daseins schafft. Das kann so weit gehen, dass der Mensch schließlich der festen Meinung ist, er stamme von Materie ab und sei ihr vollkommen verwandt, und dass er dann seinen einzigen Lebenssinn in der Anhäufung von Materie sieht. Diese Einstellung akzeptiert zwar den Tod als letzte Instanz, negiert aber jedwede nachtodliche Existenz und damit auch jede Verantwortung und jede Verpflichtung, Rechenschaft abzulegen, denn sie erkennt auch keine höhere Macht an, deren Gesetz Folge geleistet werden muss. Das ist die Lieblingsdenkweise der vorher erwähnten erdgebundenen Wesen, die mit ihrer Beeinflussung nur eins bezwecken, nämlich aus möglichst vielen Menschen ebenfalls erdgebundene und vom Gottesbewusstsein losgelöste Wesen zu machen. Je mehr ein Mensch sein geistiges Ursprungsbewusstsein verliert, je intensiver er die geistigen Zusammenhänge leugnet und je radikaler er sich der Materie zuwendet, desto bevorzugter wird er von diesen Wesen unterstützt und gefördert, zum materiellen Erfolg geführt und dadurch in seiner materialistischen Ideologie bestärkt.

Edel sei der Mensch, hilfreich und gut, mahnt das Dichterwort, und tief schlummert in jeder Menschenseele die Sehnsucht, diesen Anspruch zu erfüllen. Aber mit dem hilfreichen Edelsein verhält es sich ähnlich wie mit dem Wissen um gesundes, maßvolles Essen: Man weiß genau, dass diese Form der

Ernährung die beste und gesündeste ist, die außerdem noch die schlanke Figur bewahren würde, und trotzdem stopft man sich mit dem schauerlichsten Kunstfraß voll und schüttet noch Kaffee und Alkohol hinterher. Warum? Weil es Spaß macht, ist die Antwort, und weil Diät und betont gesundes Essen so langweilig und lästig sind wie eine theoretische Unterrichtsstunde in der Fahrschule. Und wie das dauernde Edeltum und Gutsein.

Doch wie lösen wir das Dilemma? Zumal wir an dem Punkt unserer Unterhaltung angekommen sind, wo wir zugeben müssen, dass die Menschheit doch regelmäßig sehr erfreut reagiert, wenn ein ausgewiesener Edel- oder Gutmensch beim Ausleben seiner Schattenseiten erwischt wird. Dann ist zwar der Ruf ruiniert, aber gewisse Sympathien sind wiederhergestellt, die für die exklusive Haltung nicht mehr erforderlich oder nicht zu ihr passend schienen. Fazit: Sondert sich ein Mensch allzu fühlbar vom Allgemeinen ab, ganz gleich ob durch Religion, Verhalten, Meinung oder Aussehen, wird er von der Allgemeinheit entweder belächelt, angegriffen oder übersehen. Oder gefeiert und zum Gott erhoben. Damit sind wir wieder bei der Fremdratte angelangt, die nur Überlebenschancen hat, wenn sie »fremd parfümiert« wird. Wenn sich einer im Menschenverband unbeschadet exponieren will, muss er den »Zurückgebliebenen« trotzdem noch das Gefühl geben, einer der ihren zu sein. Er muss beispielsweise weiterhin ihre Einladungen annehmen und an ihren Gesprächen teilnehmen, denn sonst heißt es bald: »Dem/der sind wir nicht mehr gut genug!« Und: »Gott, ist der/die arrogant geworden!« Und schon wird die Nachredenbildung einsetzen und ihre Kreise ziehen. Wenn derjenige dann seinen Standort ändert, also umzieht, hat er eine gewisse Chance, mehr oder weniger ungeschoren davonzukommen, aber dann muss er sich andernorts ein neues soziales Umfeld schaffen und neue Wurzeln schlagen. Das klappt nicht immer und umso weniger, je edler, religiöser und disziplinierter ein Mensch ist. Er ist – wie das krasse Gegenteil, der asoziale Störenfried – suspekt, weil er nicht der »Norm« entspricht. Und die Norm wird vom kollektiven Volksempfinden festgelegt, das einen unübersehbaren Hang zum kollektiv Schweinischen und Verderbten hat und sich zwar scheinbar über Repräsentanten dieser Verhaltensformen aufregt, es aber trotzdem »geil« findet, was der/die sich traut. Von dieser heimlichen Bewunderung leben ganze Wirtschaftszweige, etwa große Teile des Comedy-Geschäfts, die Filmindustrie mit ihren Stars, die Printmedien, die von den Eskapaden der Promis berichten und so weiter. Wenn ein Mensch eine edle Tat vollbringt, indem er beispielsweise heldenhaft einen Ertrinkenden rettet oder ein Unheil verhütet, dann bekommt er einen Artikel in der Tageszeitung, alle sagen: »Toll, toll!«, und damit hat es sich. Keiner will hören, wie es dem Edlen, Guten und Hilfsbereiten weiterhin ergangen ist. Führt sich aber etwa eine der bis zum Überdruss bekannten Promi-Damen wie eine Pottsau auf, dann will man weiter und weiter und weiter informiert werden und verhilft ihr damit zu noch mehr »Prominenz«.

Jean Jacques Rousseau, so viel wissen wir heute, hatte *nicht* recht mit seiner Behauptung, der Mensch sei grundsätzlich gut. Er ist zumindest nicht prinzipiell gut, solange er sich umgeben von materiellen Verführungsobjekten auf dieser Erde tummelt. Und *doch* hatte Rousseau auch wieder recht. Denken wir nur siebzig Jahre zurück, da hatten wir den Beweis doch im eigenen Land. Es ist ja immer noch mehr von den Verbrechern, Mitläufern und Nutznießern des Dritten Reiches die Rede, als von den unzähligen Rettern Widerstandskämpfern und stillen Helden, die in der Nazizeit gegen den Strom schwammen. Es gab ja nicht nur Franz Jägerstätter, Hans und Sophie Scholl und von Stauffenberg, sondern auch noch viele andere, die besser organisiert waren und geschickter agierten und damit vielen »Feinden des Volkes« das Leben retten konnten. Zählen Sie doch einmal nach, wie viele Dokumentationen und Filme über die helle und wie viele über die dunkle Seite dieser Zeit berichten. Dann sehen Sie, wo wir mit der Verarbeitung stehen. Dieses Trauma kann nur durch gemeinsames Betrauern erlöst werden, von der einen Seite wirklich begriffen und von der anderen wirklich verziehen. Nur wenn der Schmerz, die Angst, der Schrecken tief nachempfunden und die Vorkommnisse mit den Betroffenen tief betrauert werden, ist ein wirklicher Fortschritt möglich.

Loslassen heißt ja niemals, etwas ersatzlos fallen zu lassen. Es bedeutet vielmehr immer, auf einer weiteren und besser begriffenen Ebene des Bewusstseins mit dem transformierten Verbrauchten zu einer neuen Erkenntnis zu gelangen. So, wie wir keinen Gegenstand auf dieser Erde im Nichts verschwinden lassen können, genauso wenig können wir Gedanken, Verhaltensweisen, Meinungen und Beurteilungsmodi von heute auf morgen auslöschen.

Wer sündigt, wird von Gott bestraft.

Dies ist nur eines von vielen Meinungsimplantaten, welche zur Basis für unzählige andere Fehlinformationen wurden. Es ist bekannt, dass auf dieser Erde sehr oft die Verbrecher nicht bestraft, dafür aber Unschuldige umgebracht und gefoltert werden. Die oft gestellte Frage lautet: Wie kann der Allmächtige das nur dulden? Und hier noch einmal die Antwort: Der Allmächtige hat mit den Verhaltensweisen der Wesen, die sich der Materie unterworfen haben, nichts zu tun. Er hat die Sünde nicht erfunden und als großer Gleichgültiger auch nicht die Strafe. Wir sind es, die sich in Tausenden von Entwicklungsjahren an der Materie orientiert haben. Wir wollten uns mit ihr dekorieren und einfrieden und können nicht mehr von ihr lassen. So ist das entstanden, was wir Sünde nennen, ein Wort, dessen Herkunft so dunkel ist, wie der Sinn, der sich dahinter verbirgt, nämlich der Verstoß gegen die Gesetze, also die Festlegung von dem, was wir als Recht anerkennen. Die Rechtserkenntnis wird begleitet vom menschlichen Gewissen, das man als Urteilsinstanz unseres Bewusstseins anerkennt.

Aber was ist Gewissen wirklich, vor allem wenn man weiß, dass es manchen Menschen vollkommen daran mangelt? Im Lateinischen verwendet man dafür das Wort *conscientia*, »Mitwissen« (von Lateinisch *con* = »mit« und *scientia* = »Wissen«). Wenn ein Mensch gewissenlos handelt, hat er dann noch nie Gewissen besessen oder hat er beschlossen, es nicht zu haben?

Merke: Ein gutes Gewissen hat im Nachhinein derjenige, der im Moment des Geschehens, unabhängig von äußeren Einflüssen, fähig ist, die richtige Entscheidung zu treffen, und zwar zweifelsfrei.

Ist es nicht erstaunlich, dass es unzählige, bewusst gegen das Gesetz Handelnde gibt, die nicht den Hauch eines schlechten Gewissens haben?

Ist Gewissen trainierbar, ähnlich wie manuelle Geschicklichkeit oder das Gedächtnis? Nein, Gewissen ist, wie es ist, und es ist bei jedem Menschen im gleichen Maße im Charakter und in der Art der Willensverwendung verankert. Und da unser Wille mit unserem Höheren Ich verbunden ist, welches wiederum dem Göttlichen nah ist, steht uns die Möglichkeit oder Gnade zur Verfügung, über unser Gewissen den Willen, also das Gesetz des Allerhöchsten zu erfahren. Doch einige von uns entscheiden sich gegen ihre innere Stimme. Und das beruht auf einer einzigen Ursache: Sie wollen ein Ergebnis, eine Ernte auf der Stelle, und zwar um jeden Preis, also auf Kosten anderer und nur zu ihrem eigenen Vorteil. Dieser Entschluss bringt ihnen eine derart intensive Befriedigung, dass kein Gewissen der Welt dagegen wirken kann. Con-Scientia? Mit-Wissen? Ich sprach in den letzten Jahren vor seinem Tod des Öfteren mit einem hochbetagten Herrn, der immer und immer wieder betonte: »Ich bin zufrieden. Ich sterbe mit gutem Gewissen.«

Eines Abends, als die zwei Sätze nach dem dritten Glas Rotwein wieder ausgesprochen wurden, sagte ich zu ihm: »Wissen Sie, es gibt zwei Arten von Zufriedenheit im Alter. Die erste entsteht aus der Gewissheit, dass man alles so gut gemacht hat, wie man nur konnte, während die zweite nichts ist als Frustration, weil man erkennen muss, dass man an dem, was man angerichtet hat, sowieso nichts mehr ändern kann. Welche ist denn Ihre Zufriedenheit?«

Er sagte lange nichts, doch dann erzählte er mir von einem Erschießungsbefehl, den er als junger Oberleutnant im Zweiten Weltkrieg auszuführen hatte. »Es waren acht Kameraden«, sagte er und die Tränen rannen ihm über die Wangen, »aber es war doch Pflicht! Was hätte ich denn tun sollen?«

Kann ein Mensch jemals wieder Frieden in seinem Inneren finden, frage ich mich, wenn er so etwas erlebt und getan hat? Das Gewissen sagt: Nein! Aber was wäre die Alternative gewesen? Steht nicht im Matthäus-Evangelium geschrieben: »Was ihr dem geringsten meiner Brüder getan habt, das habt ihr mir getan«? Charakter zeigt sich in den Entscheidungen, die im Moment der Belastung getroffen werden. Was wäre in diesem

Fall die optimale Handlungsweise gewesen? Vielleicht die Weigerung: »Nein, Herr General, ich töte keine Kameraden!« Oder was sonst? Er wäre sofort vor ein Kriegsgericht gekommen, oder, noch wahrscheinlicher, auf der Stelle mit den acht Kameraden exekutiert worden. Was wäre »besser« gewesen?

Vielleicht fragen Sie jetzt: Was hat denn das mit »Loslassen« und mit meinen heutigen Problemen zu tun? Es soll Ihnen vor Augen führen, was Entscheidung und was Gewissen bedeutet und welche Rolle der freie Wille spielt. Es ist das Problem des Hausmeisters Jakob Schmid, der vor fast siebzig Jahren die Geschwister Scholl beim Verteilen ihrer Flugblätter beobachtete und sie bei der Gestapo denunzierte. Was hätte er tun sollen? Er war Parteimitglied und überzeugter Anhänger des Systems. Und er war weiterhin überzeugt, eine ruhmreiche und pflichtbewusste Handlung vollbracht zu haben, denn es waren ja seiner Meinung nach Systemschädlinge, denen er das Handwerk gelegt hatte.

In der Folge wurden zahlreiche Mitglieder der Widerstandsbewegung »Weiße Rose« verhaftet und enthauptet oder eingesperrt. Jakob Schmid wurde befördert und bekam als Belohnung für seine Heldentat 3 000 Reichsmark (vergleichbar mit etwa 10 000 Euro heute).

Jakob Schmids Tat ist, aus heutiger Sicht betrachtet und im Vergleich zu anderen Geschehnissen der damaligen Zeit, eher als »minder schweres Vergehen« einzustufen. So habe ich es noch in der Schule gehört und bin kurz darauf wegen »Störung des Unterrichts« aus der Klasse geflogen. Ich fand sein Verhalten nicht »minder schwer«, denn gilt nicht auch der Satz: »Unwissenheit schützt vor Strafe nicht«? Wird Unrecht zu Recht, wenn alle der Deformation beistimmen und sie mit Applaus begleiten? Macht, Wohlstand, Sex. Etwas sein wollen, etwas haben wollen, etwas spüren wollen? Um jeden Preis! Minder schwer?

Es geht mir um die Offenlegung des vermeintlichen Anspruchs auf Befriedigung dieses kleinen, immer hungrigen und gierigen Triebfaktors Ego, der nicht einmal weiß, wie Gewissen buchstabiert wird, und der, um die oben genannten drei Leckerbissen für sich verbuchen zu können, alles tun würde: Morden, verraten, intrigieren, denunzieren und, und, und.

Wer sündigt, wird von Gott betraft?

Bitte streichen Sie diesen Satz! Für immer!

Gott ist ein ewiges geistiges Prinzip. Das Ego ist ein sich prinzipiell an Materie orientierendes und deshalb sterbliches Wesen. Orientiert sich das Streben nach Macht an Materie? Sucht der Ruhmsüchtige die Materie? Bekommen wir Sex durch Materie?

Ja und dreimal ja! Denn Menschen sind der Materie untrennbar verhaftet durch ihren Körper, durch ihre Lebensführung und durch ihr Verständnis von Selbst-Bedeutung.

Gott straft die Sünder?

Gott führt in Versuchung?

Manchmal wünschte man wirklich, dass der Himmel sich öffnen und eine Stimme erschallen möge, die sich lautstark diese Zuweisungen verbittet!

Gott reagiert auf jeden Schritt, den wir in seine Richtung gehen oder, besser gesagt, denken, fühlen und handeln, und zu diesen Schritten gehören auch Reue und Erkenntnisstreben. Durch diese seelischen Vorgänge können ganz besondere Kräfte aktiviert werden, die uns helfen, Versuchungen zu durchschauen und zu überstehen. Wir *leben* in der Versuchung, und bei denen, die uns in diese Versuchung gelockt haben, handelt es sich um dieselben Wesenheiten, die hinter allem stecken, was Krieg, Ausbeutung und Perversion seit Tausenden von Jahren entstehen und existieren lässt, was mit Tausenden von Menschen und Kostümen als »Zeiterscheinung« verkleidet auftritt und sich manchmal sogar als »Notwendigkeit(!)« zelebrieren lässt. Dies ist *kein* Hirngespinst und auch kein Symbolismus, sondern verstörende Realität, die sich fatalerweise nur demjenigen zeigt, der sie durchschaut und der sich, der Erkenntnis folgend, nicht mehr als Handlanger missbrauchen lässt. Wer diesen Entschluss fasst, braucht sich am Ende seines Lebens nicht mit der Entschuldigung zu blamieren, er habe ja nur seine »Pflicht« getan.

Wie viele große Persönlichkeiten der Vergangenheit, wie viele unserer Vorfahren haben diese verstörende Realität mit ihren irdischen Repräsentanten selbst vor Augen gehabt und mit eigenen Ohren gehört, haben der Erkenntnis aber *nicht* Folge geleistet? Warum? Weil es immer um Besitz, Macht/ Ruhm und Sex geht, mit einem Wort: um Ego-Befriedigung.

Sie sagen, Besitz sei Ihnen egal?

Also, bitte!

Sie denken, Sie haben/wollen keinen Ruhm, Sie pfeifen auf Macht, und das bisschen »Erotik«, das Ihr Leben koloriert, gibt Ihnen keinen Anlass zu tieferem Nachdenken?

Ruhm ist aber nicht nur die ordengeschmückte Brust, das Bild in der Zeitung, der Beifall nach der Arie! Ruhm ist auch das kleine weiche Innenfutter eines Satzes, der mit »Also, ich habe … ich bin … oder ich werde …« anfängt. Alles, was Sie einem anderen gegenüber darzustellen wünschen, ist Streben nach Ruhm.

Gefallsucht ist Streben nach Ruhm.

Kritik an anderen ist Streben nach Ruhm.

Klatsch und Intrige sind Streben nach Ruhm.

Heuchelei ist Streben nach Ruhm.

Ich beende diese Aufzählung nur deshalb, weil ich weiß, dass Sie in der Lage sind, sie selbst endlos weiterzuführen.

Sie wollen keine Macht? Alles, was Sie, und sei es auch nur gedanklich, über einen anderen stellt, ist Streben nach Macht.

Neid ist ein Streben nach Macht.

Üble Nachrede ist ein Streben nach Macht.

Missachtung anderer ist ein Streben nach Macht.

Öffentlich zur Schau gestellte Hilfeleistung ist ein Streben nach Macht.

Und nun warten Sie darauf, was es mit dem »Sex« auf sich hat? Also gut:

Alles, was Sie für einen anderen ohne Gegenleistung tun, hat einen sexuellen Hintergrund!

Ich wusste, Sie würden böse auf mich werden, denn als ich diesen Satz zum ersten Mal zu hören bekam, wurde ich selbst ganz furchtbar böse. Und dann ganz, ganz still. Denn angeleitet durch kompromisslose Lehrer (Willst du den Weg der Klarheit gehen oder nicht?), begriff ich bald, dass jedes Geben als Gegenleistung entweder Wohlverhalten (*I feel good!*) erwartet oder Liebe (*I feel better!*) oder Freundlichkeit und Sympathie (*I feel myself!*) oder Körperkontakt (*I feel …!*) Haben Sie es gemerkt? Wir reden gerade von der Empfindsamkeit der Sinne und von ihrer Ansprüchlichkeit. Ich habe mit Absicht das Wort »Anspruch« vermieden. Es »greift« die Eigenschaft nicht, die ich beschreiben will. Unsere Sinne sind das Medium, das uns vermittelt, ob und inwieweit wir »angenommen« werden. Die niedrigste Form von Annahme (Kontakt) ist ein Kopfnicken, die höchste ist intime körperliche Hingabe. Die Skala zwischen dem einen und dem anderen ist weltumspannend und endlos und wird von Jung und Alt, König und Bettler, Tyrann und Habenichts ganz subtil verwendet.

Aber was ist dann mit denen, die selbstlos geben, helfen und sich verströmen? Ach, die Skala hat für jeden etwas parat, was dem Sinnenkörper Freude macht und oft noch viel mehr, als Außenstehende ahnen. Nein, ich spiele nicht auf die zölibatsgeschädigten Geistlichen an, deren erzwungenes Loslassen der stärksten Triebkraft des Menschen sie außer Kontrolle bringt. Ich spreche vielmehr von all den Mutter Teresas und Pater Pios, die den Ärmsten und Leidenden der Welt Trost und Linderung brachten. Dazu sei gesagt: Es gibt eine in die geistige Ebene transformierte Form der Sexualkraft, welche in der Literatur als Erfahrung der Glückseligkeit Gottes bezeichnet wird. Ein Hauch dieser Glückseligkeit lässt sich im Orgasmus erahnen. Doch die Skala ist, wie gesagt, unendlich. Und Gott ebenfalls.

Das Beruhigendste an ihm ist, dass alles menschlich Denkbare und Machbare schon vorher in Seiner Wissbarkeit vorhanden war und dass bei Gott *alles* möglich ist. Aber nicht notwendig. Um diesen tiefen Graben zwischen möglich und notwendig auszuloten, sind wir auf diese Erde gekommen – unerwünschte Fremdlinge in einer Diaspora, die das Letzte fordert, was ein Menschenwesen zu geben imstande ist, nämlich Leib und Leben.

Seit Millionen von Jahren hinterlassen wir diesem Planeten, auf dem wir unbedingt inkarnieren, also physisch erscheinen wollten, diese beiden untrennbar miteinander verbundenen Hab-Seligkeiten: Leib und Leben. Und seit Millionen von Jahren entwickeln, zerstören, kultivieren und degenerieren wir diese Hinterlassenschaft mit einer beinahe bewundernswerten Ausdauer, die (fast) an Verbissenheit grenzt.

Liebe Leute (hätte ich jetzt beinahe gesagt …), der Zenit ist erreicht, längst erreicht und schon überschritten. Es geht nicht mehr darum, von unseren kleinen persönlichen Habseligkeiten, unseren cerebralen Privattheatern und unseren Hirngespinsten Abschied zu nehmen, sondern vielmehr darum, endlich die Kontrolle über unser Triebleben zu gewinnen, welches uns immer und immer wieder in die Materie, in die Darstellung und in die Zeugung treibt. Wir müssen sie endlich in den Griff bekommen, diese Gier nach Macht, Ruhm und Sex und diese wahnsinnige Sehnsucht, die uns unentwegt antreibt, diese drei mit Händen begreifen, mit Sinnen zu erfahren und mit unseren Zeugungskräften am Leben erhalten zu wollen. Wir müssen loslassen, bevor wir dazu gezwungen werden, bevor die Not so groß ist, dass wir nicht mehr anders können und bevor wir als Geschlagene das Spiel des Lebens verloren geben müssen.

Fragen Sie noch immer, *was* loszulassen ist?

Ich wusste es: Sie werden mir böse sein …

Wir müssen diese Erde loslassen, bevor sie uns vollends vereinnahmt.

4. KAPITEL

Von der Kunst des Abschiednehmens

»Abschied ist ein bisschen wie Sterben«, schrieb ein Schlagertexter vor dreißig Jahren, und ganz so unrecht hatte er nicht, zumindest wenn der Abschied endgültig ist. Wir nehmen unentwegt Abschied, manchmal unter Tränen und manchmal unbemerkt. So wie meine Freundin Bärbel, die zu ihrem Mann »Bis gleich« sagte und in ihrem italienischen Hotelzimmer ganz in Ruhe die Koffer weiter packte, während er noch einmal »schnell ein bisschen schwimmen« ging. Sie sah ihn nie wieder lebend.

Solche Abschiede sind die schrecklichsten, denn sie kommen wie Nackenschläge, von denen man sich nie mehr erholt. Es kann auf diesen Schrecken, diesen maßlosen Schmerz und auf die Verzweiflung, die den ganzen Körper und die ganze Seele aufzufressen scheinen, keine Vorbereitung geben. Es gibt kein Mittel auszuweichen oder sich zu trösten, weil die Tragödie wie eine Strafe wirkt, wie ein dunkles Verhängnis, wie ein »Von-Gott-verlassen-Sein«.

So ein Einschnitt ist aber in Wirklichkeit weder die Folge einer Strafe oder eines Verhängnisses, und auch Gott hat nichts damit zu tun, noch ist es das, was gern »Schicksal« genannt wird. Dieser Begriff wird mit Vorliebe immer dann verwendet, wenn angesichts eines Geschehens alle Worte oder Erklärungen fehlen. Da sind sie wieder, diese unkontrollierbaren Mächte, mit denen sich kein Stillhalteabkommen für kurze oder längere Zeit abschließen lässt. Wir wissen nicht, wer hinter diesen manchmal absolut perfiden Konstruktionen in Menschenschicksalen steckt, die von einem Moment zum anderen alles zerstören, uns aber auch genauso gut in den siebenten Himmel des Glückes katapultieren können.

Er/sie wird es schon verdient haben, ist ein beliebter Kommentar außenstehender Beobachter, der meist hinter vorgehaltener Hand eher geflüstert als laut ausgesprochen wird, begleitet von einer stillen Erleichterung, dass man selbst verschont geblieben ist. Sehen Sie, da ist es schon wieder, dieses kleinmütige Denkmuster: *Wer sündigt, den bestraft der liebe Gott*, das immer, aber wirklich immer im Hinterkopf auftaucht, wenn »etwas« passiert, und oft von dem empörten Ausruf »Wie kann Gott das nur zulassen!« begleitet wird.

Keine Angst, ich werde mich nicht wiederholen. Außerdem denke ich, dass Gott weder unsere Beschuldigungen noch unsere Verteidigung nötig hat. Denn unsere Katastrophen fallen, wie bereits erwähnt, nicht in seinen Zuständigkeitsbereich. Für sie sind wir selber verantwortlich, und zwar samt und sonders. Jede Katastrophe, jeder Unglücksfall ist Ausdruck eines Ungleichgewichts mit langer Vorbereitungszeit. Oh, wie ich ihn höre, den Aufschrei der Empörung über diese Aussage. »Und was ist mit den Tsunami- und Erdbebenopfern, und dem schrecklichen Tutsi-Genozid und dem 11. September?«

Noch einmal (kürzer ausgedrückt): Jede Katastrophe ist eine Antwort. Oder auch: Jede Krankheit ist eine Folge. Oder: Jedes Unglück ist ein Echo.

»Vor jedem Überfall schnattern die Gänse« klingt viel zu harmlos und auch das Sprichwort »Bevor Gott Felsbrocken fallen lässt, wirft er mit kleinen Steinen« trägt nicht wirklich dazu bei, uns das Thema zu eröffnen. Außerdem werden Sie sich langsam fragen, was meine Freundin Bärbel, ein Erdbeben, ein Genozid und der 11. September mit Echos, schnatternden Gänsen und fliegenden Felsbrocken zu tun haben. Ganz zu schweigen von unserem Thema: Loslassen.

Immer, wenn etwas Einschneidendes passiert oder eine unaufhaltsame Veränderung vor sich geht, löst sich etwas für immer auf. Wo sich etwas auflösen kann, muss sich zuvor etwas verfestigt haben. Wo sich nichts verfestigt (manifestiert), braucht sich auch nichts aufzulösen.

Jede bemerkbare Veränderung ist die Folge eines vorangegangenen, überlebten Zustands oder einer beendeten Entwicklungsphase. Wenn etwas zu Ende ist, muss es aufgegeben (transformiert, neu begonnen, losgelassen) und einer anderen Dimension (Darstellungsform, Verwendungsart, Behandlung, Beurteilung) anheimgegeben werden. Wird in einer Entwicklung das Erreichen der Endphase weder bemerkt noch beachtet, zeigt sich die Intensität des Endergebnisses proportional zur vorherigen Ignoranz. Das ist nicht mehr als ein Echo. Und nicht weniger als eine Antwort. Und dieses Gesetz des Ausgleichs von Diskrepanzen war sowohl beim Untergang von Atlantis wirksam als auch bei der Geburt Jesu Christi, bei sämtlichen Kriegen und Friedensschlüssen und auch beim Ertrinken des Ehemanns meiner Freundin Bärbel.

Denn: Was im Großen wirkt, wirkt erst recht im Kleinen, und was im Kleinen wächst, wird sich eines Tages als Großes zeigen, vielleicht als 163 Millionen Lottogewinn oder als Jahrhunderttalent oder aber als Katastrophe. Wie das zu bewirken oder zu verhindern ist?

Beobachtet die Anfänge, richtet eure Aufmerksamkeit auf die Entwicklung und schärft eure Sinne, um den Zenit einer Entwicklung wahrzunehmen, sagt der Weise. *The way a story starts is the way a story ends*, schnoddert der Amerikaner. Und hat ebenso recht wie Ovid, der mit seiner Anweisung *Principiis obsta!* (»Wehret den Anfängen!«) als Erfinder des Sprichworts anzusehen ist. Jedes in diesem Buch erwähnte Ereignis, ob weltbewegend oder scheinbar unbedeutend, hat eine Vorgeschichte, die zu beobachten gewesen wäre und bei genauer Betrachtung eine klare Aussage über den Ausgang der Sache gemacht hätte.

Dass wir sie meistens nicht als solche erkennen, diese Vorboten oder Signale, hängt mit drei charakteristischen Eigenschaften sowohl der Erde als auch der Menschen zusammen, nämlich mit der Bipolarität, dem Streben nach Harmonie (sprich Ausgleich oder Gleichgewicht) und der Hartnäckigkeit, mit der wir am Bestehenden festhalten. Die Erde unterliegt, genauso wie wir selbst, dem Gesetz der Bipolarität. Das heißt: Immer, wenn sich ein Zustand oder Gegenstand zeigt, kann man davon ausgehen, dass dieser Zustand oder Gegenstand nur deswegen existiert, weil er über einen entsprechenden, sichtbaren oder unsichtbaren Gegenpol verfügt. Wird einer oder werden beide dieser zusammengehörigen Teile eines Systems beschädigt oder auf andere Weise in ein Ungleichgewicht gebracht, so werden die zwei Teile auf jede nur mögliche Weise versuchen, ihr Gleichgewicht wieder herzustellen. Gelingt dieses Unterfangen nicht, gibt sich das System der Zerstörung hin oder zerstört sich selbst, um nach angemessener Entstehungszeit in anderer, wenn auch ähnlicher Form, wieder zu erscheinen.

Jedes dieser Systeme strebt danach, dem Gesetz des Gleichgewichts zu entsprechen.

Manchmal ist, das kennen wir alle, von Anfang an »der Wurm« in einer Sache. Es kann sich sowohl um eine Liebesgeschichte oder einen Hausbau als auch um die Gründung einer Republik handeln. Dem Gesetz ist es völlig gleich, wer es in Anspruch nimmt. Es ist wie ein Ameisenhaufen. Wer damit in Berührung kommt, kann sich gewissen Konsequenzen nicht entziehen. Egal wie gut oder wie schlecht etwas beginnt, das Gesetz des Ausgleichs wird die entsprechende Eigendynamik beisteuern, was dann als Unterstützung oder Behinderung empfunden wird. Wird eine disharmonische Entwicklung zu lange dahingeschleppt oder unterstützt, stauen sich Gegenkräfte auf, die bemüht sind, einen Ausgleich herzustellen. Wird dieser Ausgleich nicht erreicht, kommt es zum großen Knall, der in der Art seiner Auswirkung ausnahmslos der Vorgeschichte entspricht.

Irgendjemand erzählte einmal, kein Mensch auf dieser Welt sei jemals weiter als zwei Meter von einer Spinne entfernt. In dem Moment, als er das sagte und alle Damen kreischten, als hätte man einen Schuhkarton mit derartigem Geziefer geöffnet, dachte ich bei mir: Das ist genau wie mit den hinterhältigen Fallen des Schicksals. Keine ist weiter weg als zwei Meter.

Aber ist das Schicksal wirklich ein hinterhältiger Fallensteller, dem wir auf Schritt und Tritt ausgeliefert sind? Genauso gut könnte ich fragen: Ist die Autobahn wirklich die Rennbahn des Verderbens, auf der mir alle nach dem Leben trachten? Kommt ganz darauf an, wie ich fahre und wie geübt ich im Umgang mit Krisensituationen bin. Ich werde nie vergessen, wie mein Bruder und ich einmal auf einer Landstraße fuhren. Er saß am Steuer und fuhr nicht übertrieben langsam, aber auch nicht übertrieben jenseits der Beschränkung. Plötzlich schoss im wahrsten Sinn des Wortes aus einem Seitenweg ein Fahrzeug mitten auf die Fahrbahn, und zwar unmittelbar vor uns in einer uneinsehbaren Kurve. Ich hatte nicht einmal Zeit, mich zu erschrecken, so schnell ging alles vor sich. Der Quertreiber bremste und schleuderte … und mein Bruder fuhr einfach herum. Nicht geradeaus, sondern elegant herum. Er reagierte so blitzschnell, dass ich seine Handbewegungen gar nicht sehen konnte. Und was mir noch unverständlicher war: Er hielt nicht einmal in dem Satz inne, den er gerade von sich gab. Er redete einfach weiter, indem er nahtlos einfügte: »Oh, das war jetzt aber knapp!«, und fuhr ungerührt weiter. Na ja, der Mann fliegt auch, wenn es denn gerade sein muss, einen Düsenjäger mit 15 Zentimeter Abstand am Formationsnachbarn vorbei. Er ist einfach darauf trainiert, schneller zu reagieren als ein Normalsterblicher. Hätte ich am Steuer gesessen, wären wir wahrscheinlich alle tot gewesen.

Und so verhält es sich mit diesen ganz bestimmten Schicksalsfügungen, die man ruhig auch als Fallen bezeichnen darf. Wer sie erkennt und geübt ist, kann elegant ausweichen, ohne dabei das zu unterbrechen, was er gerade tut, und ohne sich groß aufzuregen.

Merke: Je weniger man eine Sache beherrscht, desto größer ist das Geschrei im Umgang damit.

Und weil sich Gesetze überall gleich zeigen, können wir ihre Auswirkungen natürlich auch beim Loslassen, beim Abschiednehmen und jeder anderen Form der Trennung beobachten. Charakter zeigt sich unter Belastung, und jede Trennung, jede Loslösung *fordert* den Charakter auf ganz besondere Weise. Doch wir wollen nicht nur, wie bisher in diesem Kapitel, über den Abschied von Menschen reden (das werden wir später noch sehr viel eingehender tun), sondern vorerst auch über die Trennungen, die wichtig sind, um die Lebensform zu erreichen, die für Sie notwendig und heilsam ist, und die, wenn Sie gelernt haben, Ihr Leben nach diesen Maximen auszurichten, auf Ihre Umgebung abfärben und Einfluss nehmen wird, und zwar ohne lautstarke Demonstrationen (siehe Seneca!).

Mit der generellen Lebensänderung ist es wie mit dem Abnehmen oder dem Alkoholverzicht: Jeder spätere Beginn macht die Loslösung schwerer und das halbherzige »Ein bisschen ändern« ist auf Dauer genau so verlorene Liebesmüh wie ein gegen den Wind gesungenes Lied. Tun Sie es ganz oder gar nicht. Und schnell! Je mehr Kraft eine Veränderung kostet, desto notwendiger ist sie. Und desto mehr Kraft werden Sie zurückgewinnen, wenn Sie die Umorientierung geschafft haben. Sie wissen nicht, wo Sie beginnen sollen? Okay. Ganz einfach.

Nehmen Sie Ihren Schlüssel und gehen Sie vor Ihre Wohnungstür. Sollten Sie sich gerade im Hotel, im Zug oder auf einer Parkbank befinden, dann machen Sie das folgende Bewusstseinstraining bitte sofort, wenn Sie wieder nach Hause kommen.

Öffnen Sie Ihre Tür von außen und bleiben Sie im Türrahmen stehen.

Was sehen Sie? Schauen Sie bitte genau hin. Welcher von den Gegenständen, die Sie sehen, ist *wirklich* notwendig *und* erfreut Ihr Auge?

Meistens sieht man zuerst die Mantelgarderobe, den unseligen Schirmständer oder den Schuhschrank.

Abgesehen davon, dass diese Prüfsteine vor allem bei meinen Geschlechtsgenossinnen grundsätzlich hinterfragt werden müssen (brauche ich *wirklich* sechs Mäntel und 42 Paar

Schuhe?), wäre es vielleicht auch einmal unterhaltsam sich zu fragen, *warum* man sich diesen Anblick zumutet, und zwar jedesmal, wenn man die Wohnung betritt und verlässt.

Bitte verstehen Sie mich richtig. Ich schreibe dieses Buch nicht, um Ihnen Ihre Mantelgarderoben oder Schuhschränke zu vermiesen. Vielmehr versuche ich, eine grundsätzliche Bereitschaft zum Hinterfragen von Dingen herauszufordern, die scheinbar selbstverständlich sind, weil sie immer so gemacht wurden oder sich anbieten. Was mich angeht, ich ertrage zum Beispiel keine offensichtlichen Schuhschränke. Deshalb begleitet mich seit 16 Umzügen ein großer Spiegel, der im Hausgang vor meiner Wohnung hängt und niemanden stört, im Gegenteil. Und noch niemand ist auf die Idee gekommen, meine Schuhe, die sich hinter dem Spiegel befinden, zu stehlen.

Merke: Man kann Dinge ganz anders machen als allgemein üblich und anderen trotzdem nicht auf die Nerven gehen.

Vor ungefähr fünf Jahren lernte ich von der chinesischen Schriftstellerin Chao Hsiao Chen, wie man Plastikbeutel in zwanzig Sekunden zu niedlich handlichen Dreieckspäckchen faltet. Seitdem war Schluss mit dem Tütengeknülle in Schubladen und Vorratsschränken. Kurz nachdem ich diese edle Kunst erlernt hatte, saß ich im Wartezimmer eines berühmten Orthopäden, ausgerüstet mit einer Tüte voll ungelesener Briefe, Zeitungen und Artikel. Denn: Je berühmter die Ärzte, desto voller das Wartezimmer und desto länger die Wartezeiten. Als ich alles gelesen hatte, warf ich den Abfall in den Papierkorb und faltete meine Tüte nach dem »Chen-System«. »Ach bitte«, sagte eine Dame, als ich fertig war, »machen Sie das doch noch einmal. Das will ich auch können!«

Ja, und dann wollten es plötzlich alle 14 wartenden Leidensgenossen lernen, und auf einmal redeten alle miteinander und lachten über ihre Ungeschicklichkeit, oder bewunderten ein beim ersten Versuch geglücktes Kunstwerk. Als ich vor Kurzem wieder in die Praxis musste, sah ich, dass neben der Sprechstundenhilfe eine perfekt gefaltete »Chen-Tüte« lag. Es freut natürlich, wenn man sieht, wie so etwas seine Kreise zieht, doch andererseits führt einem das Beispiel auch vor Augen, wie sich akzeptierte Dinge eigendynamisch verbreiten, ob man es will oder nicht und ob man es kontrolliert oder nicht.

Merke: Immer wenn etwas auftaucht, was einem inneren Streben (einer Sehnsucht / einem Muster / einem Begehren) mehr entspricht als das Bisherige, beendet es automatisch das Vorhergegangene.

Das funktioniert mit Plastiktüten, mit Modetrends, mit Softwaresystemen, aber auch mit Diebstahltricks, mit Methoden des Drogenschmuggels und – beim Ehebruch oder Fremdgehen. »Als ich sie sah, war meine Ehe beendet«, berichtet ein berühmter Schriftsteller von der ersten Begegnung mit seiner späteren zweiten Ehefrau. Solange man das »Bessere« oder »das dem inneren Bild mehr Entsprechende« nicht kennt, ist man mit dem zufrieden, was dem Bild am nächsten kommt oder am ähnlichsten ist. Aber währenddessen sind unsere Herzen unruhig und unsere Sinne suchen. Und meistens wissen wir gar nichts von dieser Suchaktion, merken gar nicht, wie unsere Sehnsucht Signale ausschickt und nach Hilfe und Erfüllung ruft.

Signale können auch unterdrückt oder sogar ganz vernichtet werden, und zwar durch Gewöhnung, Kapitulation und Bequemlichkeit. Dieses Sich-Ergeben in das Bestehende hat nichts mit dem Zustand der Zufriedenheit zu tun, der, wenn er positiv, also ohne Frustration erreicht wurde, eine wunderbare Form des Loslassens sein kann. Sich hängen zu lassen ist dagegen eine Aufforderung an die Schicksalskräfte, wirksam zu werden. Und das tun sie dann auch mithilfe der unglaublichsten Inszenierungen, die darauf abzielen, dass man dort getroffen wird, wo es am meisten weh tut oder wo man voraussichtlich am schnellsten reagiert. Ob jemand sich hängen lässt oder nicht, erkennt man vor allem an seinem Umgang mit den Gewohnheiten, die sich gern als persönliche Rituale etablieren. Je mehr ein Leben mit diesen Ritualen vollgepackt wird, umso mehr wird es erstarren.

Manche Leute finden das erstrebenswert und fühlen sich wohl, wenn nichts, aber auch gar nichts passiert. Weder im Kopf noch in der Seele, weder im Beruf noch zu Hause. Wenn der Rasenmäher des Nachbarn zu laut ist, dann ist das die größte Aufregung wert, die noch herzustellen ist. Daraus entstehen dann Gerichtsprozesse, in die Nervenkräfte und die ganze Gedankenwelt investiert werden, weil die Gebiete, auf denen sie eigentlich hätten verwendet werden sollen, nie betreten wurden.

Natürlich hat dieser Menschentypus seinen Antipoden, nämlich den »Hans Dampf in allen Gassen«, der glaubt, sich für alles interessieren zu müssen und seine Nase in alles hineinsteckt. Grundsätzlich bekommen solche Leute Probleme mit den Füßen und den Hüftgelenken. Doch da niemand sie über die Zusammenhänge aufklärt, führen sich diese Hyperaktiven weiterhin auf wie die Kammerherren der Kaiserin Maria Theresia. Der freie Wille hat uns allen die Wahl zwischen verschiedensten Formen der Lebensführung zugebilligt, nicht aber die willkürliche Gestaltung des Schicksalsprogramms. Die Fügungen und Ausdrucksweisen des scheinbar Zufälligen zeigen sehr genau, welche Fehler und Themen bearbeitet werden sollen und welche Trennungen vollzogen werden müssen. Hierfür bietet sich zunächst immer die einfachste aller Veränderungsmöglichkeiten an, doch diese Gelegenheit wird von fast niemandem erkannt und genutzt.

Merke: Schicksalsfügungen wollen das Leben klären und verändern, nicht erschweren.

Versucht man allerdings, den Fügungen auszuweichen, werden die Daumenschrauben immer enger angezogen. Jetzt ist es an der Zeit, dass Sie verzweifelt ausrufen: »Aber woran erkenne ich denn das, was ich loslassen muss und was ich keinesfalls loslassen soll?« Loslassen ist eine Kunst, und zur Kunst gehört immer ein bisschen Handwerk und ein bisschen Magie. Die Antwort lautet also: Indem Sie sich Ihre Do-and-Don't-Liste vornehmen und ganz akribisch prüfen, wo und in welcher Weise Sie in Vergangenheit und Gegenwart die Beschränkungen, Forderungen und Empfehlungen missachtet haben und weiter missachten.

Schauen Sie sich aber auch an, wo Sie die Richtlinien befolgt haben, und vergleichen Sie diese Ergebnisse dann mit den Resultaten und Konsequenzen, die sich nach der Missachtung gezeigt haben. Um Ihnen die Selbsterkenntnis einfacher zu machen, möchte ich Ihnen mit einem Trick aus der Kiste der kosmischen Weisheit helfen, der so simpel ist, dass so mancher versucht sein könnte, ihn nicht ernst zu nehmen. Er beruht auf der jahrtausendealten Deutung von Zahlensymbolen, und bevor Sie jetzt abwinken und den Kopf schütteln, probieren Sie es doch erst einmal aus und staunen Sie ein bisschen über die synchronen Geheimnisse des Universums

Schreiben Sie Ihr Geburtsdatum auf einen Zettel und addieren Sie alle Zahlen, die darin vorkommen.

Zum Beispiel:
14.12.1942 = 1 + 4 + 1 + 2 + 1 + 9 + 4 + 2 = 24 = 2 + 4 = 6

Zählen Sie am Ende auch noch die zwei Ziffern des zweistelligen Ergebnisses zusammen, wodurch sich eine einzige Zahl ergibt, die sogenannte Quersumme. Aus dem Zahlencharakter dieser Summe lassen sich die Grundpfeiler Ihrer Do-and-Don't-Liste erkennen, und die stellen sich, wie Sie gleich sehen werden, für jede der neun Ziffern anders dar.

Für die 1

Do	**Don't**
Chef sein und anführen	Herdentier spielen
Solist werden	sich in einer Gruppe verschanzen
Verantwortung oder Leitung in einer Gruppe übernehmen	Handlanger / Mitläufer werden
Einsamkeit akzeptieren	den Hilfsbedürftigen spielen

unabhängig werden	Belohnung von Vorgesetzten erwarten
Schwierigkeiten allein meistern	mit einem bequemen Job rechnen
eigene Ideen durchsetzen	die Ideen anderer als eigene Erfindung ausgeben
Bedürfnis nach Freiraum anmelden	

Für die 2

Do	**Don't**
größere Unternehmungen nicht allein in Angriff nehmen	den Chef spielen
in jedem Partner seinen Spiegel erkennen, sich danach richten und daran wachsen	sich auf Kosten eines anderen ausruhen oder bereichern
Rücksprache halten	sich von jemand anderem abhängig machen (lassen)
die Balance herstellen und halten	sich von anderen benützen lassen
die eigenen Gefühle im anderen wiederfinden	sich als Einzelkämpfer zurückziehen
Fähigkeit zur Diplomatie ausüben	zum »Radfahrer« werden (nach unten treten …)
zum Meister der Gleichgültigkeit werden	

Für die 3

Do	Don't
gleichberechtigter Teil einer Gruppe sein	separierende Beziehungen innerhalb der Gruppe beginnen
für das Wohlergehen der Gruppe sorgen	ein Leben in ausschließlicher und trauter Zweisamkeit planen
die Belange der Gruppe an erste Stelle setzen	sich eigenmächtig an die Gruppenspitze befördern wollen
Endergebnisse gemeinschaftlich würdigen und feiern	aus Bequemlichkeit zur Gruppenmarionette werden und die eigene Individualität verlieren
sein Talent kommentarlos der Gruppe zur Verfügung stellen	nach Einsamkeit und Isolation suchen
durch den Schutz der Gruppe wachsen und mutig werden	durch Klatsch und Eifersucht das Gruppengefüge stören

Für die 4

Do	Don't
die bestehende Form einer Gruppe optimieren	prekäre Lebenssituationen als vorübergehendes Theater abtun

Disziplin und Pflichtgefühl selbstverständlich vermitteln	den großen Gesetzlosen spielen
im Bezug auf Veränderung flexibel bleiben	der Verantwortung aus dem Weg gehen
unaufgeforderten Verzicht als Schutz vor der großen Verführung üben	sich aus Angst vor der Zukunft vor der Welt verstecken
bei Bedarf die Regeln brechen, ohne sie für immer außer Acht zu lassen	Bequemlichkeit und Luxus als Selbstverständlichkeit in Anspruch nehmen
Berufe in überschaubaren Revieren wählen	auf Lösungen von außen warten

Für die 5

Do	**Don't**
bei Überlegungen multiple Aspekte mit einbeziehen	Managing by ignoring, also die Dinge sich selbst erledigen lassen
das Risiko als selbstverständlichen Partner annehmen	mit dem Vermögen anderer leichtfertig spekulieren
jede Lernmöglichkeit bis ins hohe Alter annehmen und weitergeben	Gewinn (materiell oder ideell) horten
sich mit den Problemen der Welt identifizieren	immer gleichbleibende Tätigkeiten verrichten
den Geldfluss in Bewegung halten	als »Workaholic« alle anderen Gebiete seines Daseins außer Acht lassen

den Segen der Langsamkeit und Gründlichkeit erkennen	durch einige Wochenendkurse zur Meisterschaft gelangen wollen
sein Handwerk vielfältig einsetzen und unentwegt ausbauen	dem Zwang erliegen, etwas leisten zu müssen, um anerkannt und geliebt zu werden
selbstständig werden, ohne egoistisch zu sein	Gefühle und Zärtlichkeiten als unnötiges Beiwerk abtun
das Wagnis eingehen, auch gegen die allgemeine Strömung zu schwimmen	

Für die 6

Do / Tun	**Don't** | Verbote
die Fülle des Angebots genießen und herausfinden, was man wirklich braucht	alle Talente gleichzeitig nutzen und umsetzen wollen und dabei nichts zustande bringen
das kleine Glück finden und an andere weitergeben	auf mehreren Hochzeiten tanzen wollen
Entscheidungen schnell und klar treffen	jede Versuchung als willkommene Unterhaltung ansehen
an getroffenen Entscheidungen festhalten, ohne starrsinnig zu werden	von außen kommende Kritik und Korrekturen als überflüssige Störfaktoren betrachten

Berufe wählen, die der Verschönerung und Bereicherung des Alltags dienlich sind	sich vor Konfrontationen drücken
Kunst und Kultur einen fixen Platz im Leben einräumen	eine Insel der Seligen für sich allein eröffnen
einen eigenen und unverkennbaren Stil finden	das Wörtchen »nein« als Luxusartikel betrachten

Für die 7

Do	**Don't**
für das Volk, aber nicht mit dem Volk sein	zum Despoten werden
die Arbeit anderer repräsentieren und würdigen	Gefälligkeiten als Bestechung und Erpressung einsetzen
eine angemessene Darstellungsform erreichen	zum gefälligen Tischredner werden
sich der Verantwortung als Vorbild bewusst sein	den Mangel an Menschenkenntnis mit Nächstenliebe verwechseln
durch die öffentliche Verwendung der eigenen Talente zum Segen für die Menschheit werden	sich für etwas Besseres halten
Demut und Dankbarkeit denen gegenüber zeigen, deren Vorarbeit das Gelingen ermöglicht hat	vergessen, dass man nicht der Erfinder, sondern nur der Repräsentant ist

Für die 8

Do	**Don't**
den goldenen Mittelweg zwischen Mörder und Heiler finden	seine Triebstrebungen als charmantes Accessoire betrachten
das Vertrauen in eine höhere Macht täglich unter Beweis stellen	mit Hunden schlafen gehen und mit Flöhen aufwachen
die Bipolarität als Grundvoraussetzung in jede Entscheidung einbeziehen	seine Ziele ohne Rücksicht auf Verluste verfolgen
Gleich-Gültigkeit erlernen nach dem Motto »Liebe deinen Nächsten wie dich selbst«	glauben, dass man das Schicksal überlisten kann
die Einblicke in die Abgründe der Psyche zum Wohle aller verwenden	sich den Abgründen des eigenen Wesens lustvoll hingeben
sein Schicksal aktiv nach außen leben	über ungelegte Eier und nicht unterschriebene Verträge sprechen
die Dunkelheit als schützende und stille Kammer erkennen	glauben, dass sich jedes geleerte Energiereservoir von selbst auffüllt

Für die 9

Do	**Don't**
das Unbegreifbare der eigenen Existenz konkretisieren	durch die Bilder der eigenen Gedankenwelt den Bezug zur Realität verlieren
die Früchte der Denkarbeit in verwendbarer Form an die Außenwelt weitergeben	die Signale der Seele missachten und die Nerven durch Überfütterung mit Eindrücken überlasten
die Unendlichkeit der geistigen Welt mit eigenen Mitteln für sich und andere verständlich machen	in der Fülle seiner Ideenwelt die Gedanken anderer ausschließen
die empathische Fähigkeit als Berufung erkennen	Angebote ablehnen, die Struktur bieten wollen
spirituelle Begabung aktiv einsetzen	glauben, dass der Zufall alles regeln wird
akribische Vorarbeit als Schutz vor unliebsamen Überraschungen leisten	Drogen als Fluchthelfer aus der Realität verwenden

Wer seine Liste beherzigt, wird es nicht nur selbst leichter haben, sondern macht es auch anderen leichter, weil man von vornherein die Erwartungen koordinieren und die Enttäuschungen reduzieren kann. Mithilfe einer solchen Liste wird auch klar, auf welche Lebensprogramme man verzichten muss und wen man besser *nicht* heiratet, weil sich die Strebungen grundsätzlich widersprechen.

Das hormonelle Irresein, das so gern für Liebe gehalten wird, verleitet oft zu Fehlgriffen in Verbindungen, denen dann die Vorwürfe an den Partner folgen, weil man sich enttäuscht sieht. Doch die Täuschung entsteht aus der inneren Bereitschaft, die eigenen Aufgaben »zu Gunsten« des anderen aufzugeben, was nicht einmal bei Katia Mann geklappt hat, die sich so sehr vom Lebensprogramm ihres Ehemannes, des Schriftstellers Thomas Mann, vereinnahmen ließ, dass sie Visitenkarten mit der Aufschrift »Frau Thomas Mann« bei sich trug, und das 1975, als die Emanzipation in voller Blüte stand!

Es gibt Menschen, die auf andere einen regelrechten Sog ausüben und sie seelisch vereinnahmen. Gerät man in den Bann eines solchen »Seelenmagneten«, wird das Loslassen, also die Trennung von diesem Menschen, fast unmöglich, weil dieser die Kräfte, die zur Loslösung vonnöten wären, längst absorbiert hat. Seelenkräfte, die auf diese Weise abhanden kommen, sind schwer zurückzuerobern, weil sich der eigene Seelenkörper sehr schnell mit dem des Gegenübers verbindet und in der Folge die eigenen Empfindungen vom Seelenkörper des anderen abhängig werden. Findet sich keine Möglichkeit zur Abtrennung, verliert man mehr und mehr seine eigene Persönlichkeit und nimmt die Züge des Partners an.

Übrigens sind diese Seelenmagneten mithilfe der Numerologie relativ einfach zu orten. Sie sind zu 85 Prozent unter den berühmten »8ern und 9ern« zu finden, also unter numerologischen Voraussetzungen, welche diese beiden Zahlen im Namen und im Geburtsdatum in bestimmten Kombinationen erscheinen lassen. Doch auch ohne diese Wissenschaft ist Seelenmagnetismus zu bemerken, wenn man einigermaßen wach ist und wenn er nicht mit »Liebe« verwechselt wird.

Wir werden in den nachfolgenden Kapiteln noch viel mehr darüber zu sprechen haben.

Vorerst stehen wir aber noch immer in der Tür zu unserem Domizil und beginnen einen Rundgang durch alle Räume. Die Fragen sind immer die gleichen. Bin das wirklich ich? Und: Ist das, was ich sehe, wirklich notwendig?

Wieder könnten Sie denken: Mein Gott, Frau McLean will uns alle zu Klosterzellenbewohnern umfunktionieren. Weit gefehlt, meine Lieben. Es geht auch hier wieder um waches Bewusstsein und ständiges Wahrnehmen und Erkennen. Und wenn Ihr Gefühl sagt, dass die Vitrine mit der Teddybärsammlung notwendig ist oder das Bild mit dem Hirsch im Sonnenuntergang, dann sei Ihnen das gern noch so lange vergönnt, bis Sie selber so weit sind, dass Sie ersatzlos darauf verzichten können.

Vorerst wäre es von großem Vorteil für Sie, wenn Sie tatsächlich alles, was Ihnen und Ihrem momentanen Status quo nicht mehr entspricht, entfernen würden, und zwar für immer. Es hat keinen Sinn, die Dinge auf den Speicher oder in den Keller zu verfrachten, denn diese Loslassversuche sind halbherzige Pirouetten, die so viel mit einem endgültigen Entschluss zu tun haben wie das für später aufgehobene Schnitzel im Tiefkühlfach.

Merke: Wer lernt, auf materielles Begleitmaterial zu verzichten, schafft das Loslassen auch auf anderen Gebieten leichter.

Vor Jahren schrieb ich das Buch *Der Schattenspringer*. Es beschreibt den Weg des Loslassens in einer Geschichte, die mit Übungen und ganz bestimmten Aufgaben verbunden ist. Eine dieser »Trainingseinheiten« verlangt, einen Lieblingsgegenstand an eine wildfremde Person zu verschenken. Das ist ein wunderbarer Check um festzustellen, wo Sie mit der Bearbeitung der Themen Bindung, Verzicht und Abschied stehen.

Sie *müssen* übrigens nichts tun, wozu Ihr Herz nicht voll und ganz Ja sagt. Das Herz, sagte ich, und nicht der Verstand. Denn der wird als Geistesgabe auf keinen Fall rebellieren, weil Geist per se logisch und kühl ist, und sich von dem, was wir Gefühl und Emotion nennen, seit jeher eher gestört gefühlt hat. Ganz zu schweigen von der Sexualität! Der Verstand begreift Zusammenhänge, ordnet Erlerntes und Neuwertiges ein, beurteilt und wägt ab, kalkuliert und erkennt.

Manche Wissenschaftler haben zu beweisen versucht, dass unser Gefühl stärker ist als der Verstand, dem ja auch die Zukunft zugeordnet wird. Ich behaupte, dass der Verstand das Gefühl mindestens genauso dominieren kann, denn er wird vom Charakter eines Menschen beeinflusst, während Gefühle, die in enger Verwandtschaft mit dem Triebleben und dem Instinkt stehen, bedenkenlos alles überfluten, es sei denn, ein Mensch hat gelernt, seinen Gefühlsapparat mit all seinen Funktionsmöglichkeiten durch seinen Verstand zu disziplinieren, denn dem Verstand ist auch der Wille zugeordnet. Ich hätte noch einen Beweis für meine Theorie, von der ich nicht verlange, dass ihr irgendjemand zustimmt: Wenn eine junge hübsche Frau einen 40 Jahre älteren Mann heiratet, dann ist dieser selten Straßenkehrer oder Supermarktangestellter. Wie viel Kalkül (also Verstand!) und Wille muss wohl aufgebracht werden, um in so einer Verbindung die fast immer beteuerte »tiefe Liebe« zu erzeugen? Ich habe es, wohlgemerkt, unterlassen zu behaupten, dass diese Liebe nur geheuchelt sei, sondern gesagt, dass der Verstand so stark ist, dass er sogar nach Bedarf Gefühle erzeugen und absterben lassen kann. Wenn uns Gefühle überrennen und »gegen alle Vernunft« handeln lassen, wird es trotzdem einzig und allein der Verstand sein, durch den wir die berühmte Contenance (lat. *continentia* = Selbstbeherrschung) wieder erlangen können.

Sie haben es natürlich bemerkt: Wir sind soeben bei einem leidigen Thema angelangt, nämlich bei der (Eigen-)Kontrolle, welche sich in zeitloser Feindeshaltung gegenüber der (Selbst-) Befriedigung befindet. Dem letztgenannten Begriff ist im Laufe der Zeit ein ähnlich hartes Schicksal widerfahren wie dem Ausdruck »Gleichgültigkeit«. In früheren Zeiten verstand man unter Befriedigung immer Genugtuung oder die Erfüllung einer berechtigten Anspruchshaltung. Inzwischen kann das Wort Befriedigung nicht mehr ausgesprochen werden, ohne dass sich im Hirn automatisch der Link zum Thema Sex auftut. Aber gibt es überhaupt eine Verbindung zwischen Frieden und Sex?

Friede ist: Aussöhnung, Waffenruhe, Verzeihung und Abrüstung. Sex ist: Trieb, Sinnenrausch, Zeugungsdrang, Begehren, Geschlechtsimpuls. Alle diese dem Lexikon entnommenen Wortumschreibungen zeigen, dass es keine Übereinstimmung zwischen dem einen und dem anderen Begriff gibt. Trotzdem wurde die Selbst-Befriedigung widerstandslos in den Sprachgebrauch integriert. Ist mein Selbst im Zustand des Unfriedens, wenn es keinen Sex bekommt? Unfrieden ist im Lexikon mit folgenden Synonymen aufgeführt: Feindseligkeit, Krieg, Hader, Streit und Zwist.

Einfacher wird das Verstehen, wenn wir Friede gleichsetzen mit Ruhe und Unfriede mit Unruhe. Also kann ich mir durch Selbstbefriedigung Ruhe verschaffen, was aber bedeutet, dass vorher Unruhe herrschte. Unruhig ist mein Herz oder wer oder was? Egal wodurch sie ausgelöst wird: Unruhe stört das Gleichgewicht. Befrage ich »meine« Männer, höre ich, dass Sex

Spannungen abbaut. Und – Spaß macht. Um das zu erfahren, brauchen wir Frauen keine Nachfrage bei unseren Geschlechtsgenossinnen. Also schlagen wir offensichtlich zwei Fliegen mit einer Klappe: Wir bekommen durch Sex Spaß und Entspannung (sprich Befriedigung). Dass Sex auch ein Ausdruck von Zuneigung und Liebe sein kann und bei der Zeugung von Nachkommen eine Rolle spielt, bedarf keines weiteren Kommentars. Doch hier und jetzt geht es nur um die Triebfeder Sex, die unsere Herzen, Seelen und Körper unruhig macht, weil sie ein Ausdruck eines rein auf den Körper bezogenen animalischen Vorgangs ist, der von Hormonen gesteuert wird, wie die Planeten von ihrer Anziehungskraft.

Natürlich haben Sie es längst durchschaut: Ich versuche Sie auf das Loslassen vom sexuellen Begehren einzustimmen, was nur bei denen auf Interesse stoßen wird, die sich *wirklich* mit dem tiefen Sinn des Verzichts befassen wollen.

Dazu möchte ich Ihnen unbedingt ein bisschen über das Wort »Verzicht« erzählen. Es ist eng verwandt mit dem Verb »verzeihen«, das in früherer Zeit »einen Anspruch aufgeben« bedeutete. Im Lateinischen finden wir für »verzichten« das Verb *resignare*, was insofern interessant ist, als *signare* neben »be- und unterzeichnen« auch »formen« heißt, *re-signare* also auch mit »zurückformen« übersetzt werden kann.

Resignation – das ist doch eine traurige und deprimierende Angelegenheit, könnte man meinen. Ja, es ist ein Rück(*re*) schritt. Doch wer sagt denn, dass ein Rückschritt, wenn er aus einer Sackgasse heraus führt, nicht eigentlich ein Fortschritt sein kann? Zurück zum Ursprung, zum Wesentlichen, zur Natur?

Besitz, Macht (Ruhm), Sex. – Wollen wir noch einmal ganz kurz über Besitz reden, über Hab und Gut, über Güter, Geld und Gold?

Es sei Ihnen alles gegönnt, gewünscht und gestattet. Nur das sei gesagt: Wenn Sie den Einweihungsweg des Loslassens gehen wollen, dann fragen Sie sich hier und jetzt, ob Sie bei Bedarf ohne Kummer und Jammern Ihr Besitztum verlassen und vergessen könnten und bereit wären, ohne den nagenden Zweifel des Bedauerns in völliger Einfachheit zu leben. Sie müssen sich ja nicht auf der Stelle auf ein wüstes Eiland zurückziehen, sich von Beeren und Wurzeln ernähren und Ihre Lenden mit Blattwerk schürzen. Sie können meinetwegen, wenn es Ihr Stand verlangt, gern in einem Schloss mit 10 000 Antiquitäten wohnen oder in einem Luxustempel an der französischen Riviera. Nur – weiß Ihre Seele, dass dieser Überfluss nur Dekoration ist?

Damit wir uns in Ruhe endlich weiter über Sex unterhalten können, lassen Sie uns doch das Thema Macht und Ruhm kurz (?) abhandeln.

Möchten Sie wissen, warum 95 Prozent aller Menschen berühmt und mächtig sein wollen? Weil sie glauben, dann mehr wahrgenommen zu werden und mehr Aufmerksamkeit zu erhalten. Klar doch. Aber *warum* ist es denn eigentlich so toll und so erstrebenswert und »sooooo geil«, berühmt und mächtig zu sein, sprich, »bemerkt« zu werden?

Was jetzt kommt, werden Sie mir vielleicht erst im zweiten Anlauf glauben: Weil ein Mensch umso mehr Vitalenergie zugeliefert bekommt, je mehr Menschen sich geistig oder körperlich mit ihm beschäftigen. Es ist die Droge aller Drogen. Können Sie etwas mit dem Wort »Importanz« anfangen? Es besitzt natürlich wieder einmal einen lateinischen Wortstamm und bedeutet »Wichtigkeit«. Das Verb *importare* wird übersetzt mit »hereinbringen«, was per se die Betätigung jeder Importfirma erklärt. In dem Moment, wo jemand »wichtig« (»ich«-tig) ist, werden Energien in sein Umfeld importiert, von denen ein Normalsterblicher nur träumen kann. Deswegen tun sich Stars, Politiker und all die vielen Personen des öffentlichen Lebens so schwer, wenn sie die Bühne verlassen und die allgemeine Aufmerksamkeit verlieren. Die meisten, nein, eigentlich fast alle altern rapide, verfallen, werden krank, depressiv oder sehr, sehr seltsam. Sie benehmen sich wie Kinder, die bis jetzt nicht nur mit hochwertigsten Speisen versorgt, sondern auch noch mit dem goldenen Löffel gefüttert wurden und nun plötzlich unvorbereitet vor dem Problem stehen, sich selbst versorgen zu müssen. Es sein denn, sie schaffen es, das verloren gegangene, vorher importierte Energiepotenzial zu ersetzen.

Manche bringen das mit Skandalen über bemerkenswerte Partnerschaften oder Demonstrationen der wohltätigen Art fertig. Andere treten ab und tauchen nach 7, 14 oder 21 Jahren wieder aus der Versenkung auf, um dann nach einem mehr oder weniger erfolgreichen Comeback für immer zu verschwinden. Einigen gelingt es, sich ihr »Energiefutter« mithilfe ihrer Erinnerungen zu verschaffen. Und einige wenige satteln um und fangen an, ganz normal zu leben, und zwar als Ärzte, Gastronomen, Agenten oder – Hausfrauen. So wie Lisa della Casa, die eigentlich nur mehr durch nichts von ihrem heiß geliebten Mann und ihrer kranken Tochter getrennt sein wollte. Das war ihr wichtiger, mehr »importantׅ«, als der Beifall der Ruhm und die Gagen.

Merke: Jeder, der etwas loslässt,
muss sich einen adäquaten Haltegriff suchen.

Das Finden von absolut entsprechenden »Haltegriffen« ist ein nicht ganz einfaches Unterfangen. Wie hätte beispielsweise Michael »Jacko« Jackson die ungeheure Menge an Energie adäquat ersetzen können, die ihm jahrelang durch öffentliche Auftritte zugeflossen war? Wir wissen alle von seiner Tragödie und seinem Sterben. Und wir wissen alle, warum.

Das Importanz-Spiel oder besser: der Handel mit Importanz-Energien, spielt sich beileibe nicht nur in jenen »lichten« Höhen ab, in denen die Oberen Zehntausend weilen. Der Erfindungsreichtum in Bezug auf die Erschaffung privater Starkulte und Auftrittsbühnen ist enorm. Die Macht & Ruhm AG kann praktisch überall und von jedermann auf diesem Planeten eröffnet werden, je nach Bedarf als kleiner, mittlerer oder großer Betrieb. Die Möglichkeiten reichen von der Schwiegermutterdarstellung bis zum Opernkartenverkäufer, vom Portier des 5-Sterne-Hotels bis zum Türsteher des angesagten Clubs. Sie alle sorgen für Ruhm, Importanz und – Energiebelieferung.

Und welche Möglichkeiten stehen mir offen, wenn ich in Bezug auf Importanz-Erzeugung absolut talentfrei bin? »Ach«, denkt sich so manche/r, »was ich nicht fertigbringe, das könnte doch jemand anderes für mich tun!« Und schon tauchen sie aus dem Nichts an der Seite eines/einer Importanten auf, die Mausis, Bambis, Katzis und noch so manches andere futterbedürftige Tierlein aus Gottes großem Streichelzoo. Ja, ich gebe zu: Es ist *sehr* angenehm, *nicht* Schlange stehen zu müssen und automatisch in die 1. Klasse gesetzt zu werden. Aber spielt das *wirklich* eine Rolle?

Woher importieren Sie ihre Resonanzenergien? Bitte, sagen Sie jetzt nicht, dass Sie Pilates trainieren, in die Oper gehen oder den Himalaja besteigen. Das ist *keine* Resonanz! Zumindest nicht die Art von Energie, die in diesem Zusammenhang gemeint ist und die Ihnen Importanz vermittelt und bestätigt.

Auch wenn viele das behaupten. Denn diese Energien meinen nicht Sie persönlich als das Wesen, das geliebt, verstanden und – geehrt sein will. Ach, Sie wollen *nicht* geehrt sein? Sie finden das peinlich? Dann haben Sie mir gerade mitgeteilt, dass Sie keinen Wert auf Respekt legen. Und dass Sie auf Anerkennung pfeifen und auf sämtliche Komplimente dazu!

Der Mensch *lebt* von Resonanz, also von reflektierter Energie, die vom Interesse eines Gegenübers angereichert wird. Verweigere einem Menschen über längere Zeit diese Kraftquelle und er verkümmert. Menschen, die in Einzelhaft waren, wissen von den Schäden zu berichten. Wenn Kinder zu wenig Resonanz (Feedback, wie man heute so elegant sagt) bekommen, zeigen sie Entwicklungsstörungen. Alte Leute, vor allem diejenigen, die ohne Familie leben müssen, hungern nach Energiezufuhr. Tragischerweise ist es wiederum genau das, was von den jungen Verwandten als lästig empfunden wird, dieses Verlangen nach *attention*, nach Aufmerksamkeit, die, wenn sie mit ein wenig Freundlichkeit oder sogar Zärtlichkeit angereichert ist, schon zu spektakulären Testamentsänderungen geführt hat.

Für nichts ist ein Mensch dankbarer als für echte Aufmerksamkeit, für die Bereitschaft eines anderen, an ihm teil-nehmen zu wollen. Und für nichts sind Menschen leichter bereit, sich ausnützen zu lassen, als für dieses teilnehmende Interesse, das die Einsamen so oft als Liebe missverstehen, um dann, wenn der Schleier der Illusion fällt, verbittert zurückzubleiben.

Gerade während ich die letzten Worte schrieb, läutete mein Telefon, was in den nächtlichen Stunden, in denen ich arbeite, eher selten ist. Am anderen Ende der Leitung war ein Freund, den ich seit Jugendtagen habe, mit dem ich oft zusammen auf der Bühne stand und zu dem die Verbindung nie wirklich unterbrochen war. Also, wenn mich jemand um 23.00 Uhr anruft, um zu fragen, wie es mir geht, weiß ich, dass es dem Anrufer nicht gut geht.

»Weischt, Penny«, begann er in seinem typischen Tirolerisch, »ich versuch' halt gerade zu mir selbst zu kommen. Und ich sag' dir, es ist gar nicht einfach, dieses Sich-selber-finden-Müssen. Aber ich spür', dass ich es tun *muss* und dass ich das andere hinter mir lassen *muss*, sonst kann sich nichts mehr weiter entwickeln.«

Ich dachte: Sieh mal an, er weiß doch gar nicht, über welches Thema ich schreibe, und redet über Loslassen wie ein dem Text entstiegener Geist. Ich fragte: »Was ist denn das andere, das du hinter dir lassen musst?«

»Ja, weischt, Penny«, begann er, wie immer, wenn Lebensweisheit besprochen wird, »es wird halt *alles* anders momentan. Ich spür's einfach, und das macht irgendwie auch Angst, so wie damals vor dem Tod von der Mutter, wenn man gebetet hat: Dein Wille geschehe.« Er machte eine Pause. »Aber jetzt«, fuhr er fort, »kommt dieser Wille wie eine Einladung herüber, doch einmal was anderes als das Eigene zu machen, weischt, Penny, halt richtig loszulassen.«

Ich dachte, ich höre nicht richtig. Der Mann ist Musiker und hochmögender Veranstalter ohne erkennbare esoterische Ambitionen. Allerdings ist er genau so alt wie ich, und ob man will oder nicht: Im 63. Lebensjahr können die Karten noch einmal neu gemischt werden. Da bietet sich eine der letzten wirklich großen Chancen an, die Positionen zurechtzurücken, die Prioritäten zu akzeptieren, die Fehler zu korrigieren und noch einmal von ganz vorn anzufangen. Er sprach dann noch kurz darüber, wie man von der Sexualität an der Nase herumgeführt wird (er nannte einen anderen Körperteil) und dass man doch eigentlich nur etwas »Weiches, Zärtliches will, von dem man ohne Forderungen und Druck angenommen wird«. Im

Grunde kommentierte er, ohne es zu ahnen, den Text, den ich eine halbe Stunde zuvor niedergeschrieben hatte.

Zufall, Synchronizität oder Telepathie? Zumindest eine Bestätigung von »draußen« in meine Enklave, die sich während des Schreibens um mich bildet wie eine Clausura hermetica. Hält man als älterer Mensch Lebensrückschau, bleibt es einem nicht verborgen, dass sich unsere ganze Existenz unentwegt zwischen einer Unsumme von Loslassangeboten abspielt und einer Macht, die uns gleichzeitig zu überzeugen versucht, dass diese Ablösung überflüssig, ja sogar schädlich ist. Diese Macht ist unser Ego, dieser gehätschelte, angebetete Privatgötze in unserem Inneren, der in Zusammenarbeit mit seinem Lieblingsminister, dem freien Willen, für die unaufhörliche Kette der Wiedergeburten verantwortlich ist, deren Realität sich ebenfalls in diesem Jahrhundert beweisen lassen wird.

Die Tragik unseres Daseins besteht vor allem darin, dass wir, bevor sich unsere Seele vom Körper einschließen lässt, völlig sicher sind, dass uns die Fehler früherer Menschwerdungen nicht mehr unterlaufen können. Kaum sind wir jedoch den irdischen Bedingungen unterworfen, sind diese Aussagen wie vom Winde verweht und so schwindsüchtig wie die guten Vorsätze, die anlässlich des »Neuen Jahres« gefasst werden. Wir sind wie Süchtige, die sich, aus einer Heilanstalt entlassen, nach langer Zeit endlich wieder den süßen Duft der Drogen um die Nasen wehen lassen dürfen, von denen sie sich so schmerzlich und endgültig entwöhnt glaubten und die da heißen:

- Materie = Ego/Besitz,
- Persönlichkeit = Ruhm/Macht,
- Triebstrebung = Geschlechtlichkeit/Sex.

Die uralten Weisheitsbücher haben für diese drei Kategorien noch drei andere Bezeichnungen parat, nämlich für Materie »das Ahrimanische«, für Ego »das Luziferische« und für Sexus »das Animalische«.

Ahriman ist eigentlich nichts anderes als ein Symbol für alles, was unter einem Wesen der Dunkelheit und Gottlosigkeit verstanden werden kann, wie zum Beispiel Satan, dunkler Engel oder Widersacher. Hauptaufgabe und Beschäftigung dieses Mephisto ist es, geist- und seelenbegabte Wesen davon zu überzeugen, dass es keinen Gott gibt, an den es sich zu glauben lohnt, und dass der eigentliche Gott das Begreifbare ist, die Materie. Die Anhänger dieser Ideenwelt verlieren ihre Seelenkräfte immer mehr an das Materielle und treiben damit die technischen Entwicklungen wie auch die Automatisierung und Industrialisierung voran. In Mythen und Märchen wird dieser Austausch als Seelenverkauf beschrieben.

Der Gegenspieler, aber eigentlich ergänzende Antipode Ahrimans ist Luzifer, der als symbolischer Anführer all derer anzusehen ist, die ihr eigenes Ego über Gott stellen und ihn dadurch außer Kraft setzen wollen. Luzifers Lieblingswerkzeuge sind die Eitelkeit, der Hochmut, der Stolz, die Selbstherrlichkeit, was übrigens wunderbar und erschreckend genau von Al Pacino in dem Film *Im Auftrag des Teufels* dargestellt wird.

Bleibt uns als Drittes das Animalische, das mit seiner instinktiven Getriebenheit der am wenigsten interessante Faktor zu sein scheint. Doch gerade in diesem animalischen Bereich haben sich besonders intelligente Wesen »eingeloggt«, die sogenannten Asuras, deren einziges Bestreben ist, sich über die Geschlechtskräfte und sexuellen Ausdrucksmöglichkeiten des Menschen zu seinem Beherrscher zu machen. Man findet diese unsichtbaren Partizipanten an Orten, wo perverse Praktiken ausgeübt werden, und zwar bevorzugt solche, die mit schwarzer Magie vermischt, zum absoluten Kontrollverlust und in die totale Abhängigkeit führen.

Letztendlich bieten sich unsere drei Sparten als ideale Spiel- und Betätigungsfelder für sämtliche unerlösten Wesenheiten und dunklen Intelligenzen an, die über uns ihre Machtkämpfe austragen und deren »Kanonenfutter« wir Menschen sind, solange wir diese Machenschaften nicht bemerken, durchschauen und mit einem eindeutigen »Nein, danke« abwehren.

Doch leider fallen wir auf etwas herein, das zumindest im Zusammenhang mit den Asuras sehr schwer zu beweisen und noch schwerer zu kontrollieren ist: die Konditionierung durch die Erzeugung von Glücksbotenstoffen. Letztendlich verhalten sich die Betroffenen wie die Ratten im Versuchslabor der beiden Neurowissenschaftler James Olds und Peter Milner. Sie entdeckten die neuronalen Belohnungssysteme bereits 1954, als sie ihren kleinen Nagern über Elektroden im Gehirn elektrische Reize verpassten. Die Tiere wurden so süchtig nach den Manipulationen, dass sie sich förmlich an die Stellen drängten, wo ihnen die Impulse verabreicht wurden, auf die sie dann mit Glücksgefühlen reagierten.

Das limbische System, das allgemeine Erinnerungszentrum für emotional geladene Informationen in unserem Gehirn, beherbergt den sogenannten Nucleus accumbens, den man als Schaltstelle des Belohnungssystems bezeichnen kann. Dieser Nucleus enthält Nervenzellen, die den Botenstoff Dopamin zur Signalübermittlung nutzen. Dopamin wird als Antwort, also Belohnung, auf die Verwendung von Alkohol, Nikotin, Drogen und sexuelle Betätigung freigesetzt: Wir empfinden Befriedigung – Selbst-Befriedigung – und merken gar nicht, dass diese Gefühle von jemandem geteilt werden, den weder unsere Sinne noch irgendein technisches Gerät der Welt orten können.

Nicht genug damit, dass sich diese Seelenwanzen in unseren intimsten Momenten an unsere Energien anhängen und sie manipulieren, sondern sie benutzen eben diese Gefühle, die wir beim Sex empfinden, auch, um sie in den Momenten, wo wir Geld erhalten oder die Möglichkeit sehen, es zu ergattern, fast wie eine Kopie einzusetzen. Möchten Sie das Erscheinen und Einnisten dieser Besetzungs-Egel (nicht Engel!) einmal hautnah beobachten? Gut, aber nicht darauf hereinfallen bitte!

Schauen Sie sich fünf Minuten eine dieser unsäglichen TV-Sendungen an, in denen für die Lösung idiotischer Rätsel oder das Auffinden irgendwelcher Fehler in Bildern fantastische Geldsummen offeriert werden. Wir *wissen alle*, dass die Sender mit diesen Spielchen sehr viel Geld verdienen, und zwar dadurch, dass tausende von Menschen € 1,20 und mehr für ihren Anruf zahlen, obwohl er gar nicht wirklich angenommen wird. Das Einzige, was Sie zu hören bekommen, ist eine Stimme vom Band, die es »sehr bedauert«, dass im Moment alle Leitungen besetzt sind, Sie es aber später sicher schaffen können, ins Studio durchzukommen, um für die geniale Lösungsantwort belohnt zu werden. Trotzdem, Sie werden eine subtile Gier in sich aufsteigen spüren, der Sie natürlich keinesfalls nachgeben sollten, aber fühlen Sie ihr doch einmal nach, wie sie wächst, je länger Sie sich am Geschehen beteiligen, also Ihre Gedankenkräfte auf das Geschehen lenken. Für mich war interessant festzustellen, dass die Wesen nach fünf bis sechs dieser Beobachtungsexperimente nicht mehr »einsteigen«. Der Neurologe würde natürlich sagen: »Die Resistenz gegen den Reiz ist als Erinnerung eingelagert worden und deswegen hat sich die Reaktion verbraucht.« Doch das ist nur die Hälfte der Wahrheit. Es wäre das Gleiche, wie zu sagen: »Das Eis ist geschmolzen, weil es warm war«, und niemand erwähnt die Sonne. Oder: »Der Bauernhof ist abgebrannt, weil er Feuer fing«, und niemand spricht vom Brandstifter.

Falls Sie zu den abgehärteten Typen gehören, die während der TV-Sendung das berühmte Nichts gespürt haben, dann gehen Sie doch mal in eine Spielbank und stellen Sie sich hinter den Spieler, der die meisten Chips vor sich liegen hat. Versuchen Sie, sich für den Vorgang zu interessieren und fühlen Sie sich in den Spieler hinein. Bitte *nicht* hineinziehen lassen! Sondern bewusst hineinfühlen, beobachten und bewusst wieder herausgehen.

In was hinein- und aus was herausgehen, bitte?

Jeder Mensch trägt um sich herum so etwas wie ein riesiges Ei, ein Kräftefeld, in dem sich alle seelischen und geistigen Vorgänge abspielen, *bevor* das Gehirn darauf reagiert. Wenn Sie es schaffen, Ihren Denk- und Gefühlsapparat still zu halten, können Sie diese Vorgänge spüren, während Sie mit Ihrem eigenen Energiekörper nah genug an einen anderen herantreten. Machen Sie diese letzte Erfahrungsexkursion bitte nicht, wenn Sie wissen, dass Sie spielsuchtgefährdet sind. Kaufrausch, Wettspiele, Fresssucht, überhaupt jede Triebstrebung oder Triebhandlung, also jedes begehrliche Tun, bekommt, ob Sie es bemerken oder nicht, unsichtbare Unterstützung von partizipierenden Voyeuren, deren Bezahlung oder, besser, Anzahlung für das nächste Mal ein Schub von endogen erzeugten Drogen ist, die das Nervensystem überfluten.

Nun wissen Sie Bescheid über bestimmte Vorgänge, aber noch immer nicht, was zu tun ist. Wirklich nicht?!

Seien Sie doch ehrlich! Sie wissen doch selbst, welches Ihr Schwachpunkt ist: Habgier, Eitelkeit, Genusssucht. Wo wachen denn Ihre einst gerufenen »Geister«, die Sie jetzt nicht mehr loslassen können, am liebsten auf? Wenn Sie Ruhe haben wollen, und zwar im wahrsten Sinn des Wortes, gibt es nur eine

Waffe, die wie Schild und Schwert gleichzeitig funktioniert, wenn man sie richtig verwendet: Bewusstsein und Wille.

Eine junge italienische Bekannte von mir trinkt. Nicht ab und zu, sondern unentwegt, und damit nicht genug: Sie setzt sich auch noch betrunken ins Auto und fährt. Es werden teure Therapien gemacht, Tausende von Euros in Sanatorien getragen, Unsummen in Medikamente investiert, nichts hilft. Das Mädel trinkt.

Eines Tages gingen wir zusammen auf Reisen. Wir fuhren in den Süden ihres Heimatlandes und besichtigten Sehenswürdigkeiten in schönen alten Städten. Sie trank nicht. Aber warum? Glauben Sie ja nicht, dass ich mich jedes Mal mit Leib und Leben zwischen Flasche und Freundin geworfen habe. Keine Spur! Aber jedes Mal, wenn der Satz kam: »Ich glaube, ich möchte jetzt was trinken«, lenkte ich sie ab. Irgendwas fiel mir immer ein. Entweder mussten wir plötzlich rennen, weil ich etwas »vergessen« hatte, oder wir mussten »dringend« anrufen oder ein Thema/Kunstwerk/Mann erforderte auf der Stelle unsere ganze Aufmerksamkeit. Im Klartext: Immer, wenn das Begehren auftauchte, wurde die Energie umgeleitet.

Nein, leider kann ich nicht berichten, dass es mit der Energieumleitung nach unserer Reise automatisch so weiterging, denn ich, der Blitzableiter, war nicht mehr neben ihr. Was ich getan habe, war *keine* Therapie. Es sollte ihr nur zeigen, was möglich ist, wenn man loslassen *will*. Sie wollte aber nicht wirklich. »Es ist so angenehm, sich in dieses Gefühl hineinsinken zu lassen«, sagte sie einmal. Ich konnte sie nicht davon überzeugen, dass es hinter dieser Empfindung noch viel Tieferes und Weiteres gibt, das außerdem auch noch wesentlich verschönernder wirkt als Alkohol.

Wie ich bereits sagte: Ich bin kein Suchttherapeut, der Ihnen Ihre Süchte abtrainiert oder Medikamente verschreibt. Ich rede mit Ihnen mithilfe dieser gedruckten Worte, in denen Bilder und Impulse verpackt sind, die Ihnen helfen sollen, Ihre Urerinnerungen zu aktivieren, Ihr Urwissen zu wecken, Ihr innerstes Streben anzuspornen und Ihr Höheres Ich in Ihr Bewusstsein zu rufen.

Warum, denken Sie, wollen wir immer mehr, als wir haben und sind? Immer mehr Entwicklung, immer mehr Erfindungen, immer mehr Kommunikation?

Ich werde es Ihnen sagen, selbst auf die Gefahr hin, dass Sie mir kurzzeitig gram werden: weil wir einer Welt entstammen, die keine Grenzen hat, und in der völlig klar ist, dass alles möglich ist, und weil wir *sehen* können, was der Chef und seine Mannschaft alles zustande bringen.

Ich spreche von Gott. Wären wir beide, Sie und ich, jetzt auf der Stelle tot, dann würden Sie mich übergangslos fragen, was ich denn eigentlich will, denn in diesem Moment würden Sie sich »erinnern«. Das Wort ist falsch. Es müsste heißen: Dann würden Sie »wieder erkennen«.

Mir wäre lieber, es wäre jetzt schon so weit. Denn alles, was sich gegen den Versuch stellt, das loszulassen, was Sie festhält, ist eine Machtprobe, ein Test, eine Nachfrage, wie viel Ihnen Ihr göttlicher Funke wert ist, dieser unsterbliche Anteil in Ihnen, in dem alles gespeichert ist, was Ihre Seele ersehnt und braucht, um unbeschadet durch diese Welt zu kommen.

Erinnern Sie sich an die Bibelstelle, wo Jesus vierzig Tage in die Wüste geht und dann am Ende dieser Prüfungszeit hungrig, durstig und vereinsamt beweisen muss, dass die Christuswesenheit, die seit der Taufe am Jordan in ihm wirksam geworden ist, den Menschen Jesus wirklich vollkommen erfüllt und durchwirkt? Satan, der dunkle Engelsfürst, erscheint und fordert ihn auf, seine Kräfte zu verwenden: Mach Brot aus den Steinen! Zeig den anderen, wer du bist! Lass dich von Engeln durch die Lüfte tragen! Und als Krönung: Bete mich an, und die Welt gehört dir!

Nie zeigt sich die Funktion des Herrn der Materie deutlicher und gefährlicher als in diesen Szenen. Es wird berichtet, Jesus hätte dem Hunger widerstanden und auch dem Zweifel an seiner Göttlichkeit und dem Verlangen nach Macht. Doch darum geht es nicht wirklich. Vielmehr treffen hier zwei gleichwertig ausgestattete Gegner aufeinander, wobei einer auf unbekanntem Terrain kämpfen muss, weil er mit dem Element Materie erst seit Kurzem befasst ist: Jesus Christus. Ihm steht Golgatha bevor. Wenn er diese Prüfung nicht besteht, ist die epiphanische Mission gescheitert und der Erlösungsauftrag nichtig.

Satan greift den Mensch gewordenen Christus an: Ich gebe dir alles, wenn du dich mir unterwirfst. Jesus weiß: Golgatha kommt. Er weiß es als Gottessohn *und* als Mensch.

Der *filius dei* kennt keine Angst. Doch der Mensch, der Körper … Satan glaubt genau zu wissen, wo er angreifen muss. Doch er scheitert. Denn Jesus weiß: Er *könnte* und *dürfte* all das tun, was Satan vorschlägt, doch keinesfalls als Antwort auf dessen Aufforderungen. Hätte er dem Impuls nachgegeben, hätte Satan eine späte Genugtuung für seine Schmach anlässlich der grandiosen Niederlage beim Engelssturz erhalten. Wir müssen wach sein und lernen, die inneren Befehlsbilder zu durchschauen, die sich in unserer Seele eingraben wollen, um uns in der Materie festzuhalten.

Besitz, Macht/Ruhm, Sex. Was von alledem ist wirklich w*ich*tig? Sind diese Dinge nur eine Illusion, oder geburtsrechtliches Besitztum oder gar meine eigene Schöpfung? Eine Schöpfung vielleicht, die aus einer Ideenwelt stammt, die nicht dem entspricht, woran ich mich im tiefsten Kern meiner Seele er*innere*?

Dieses sehnsüchtige Suchen nach Geborgenheit, Licht, Zugehörigkeit, Freiheit. Ist es nicht ein Sich-Zurücksehnen nach etwas, das fühlbar in uns allen vorhanden ist, aber in dieser Welt nicht gelebt wird, nicht gelebt werden *kann*, denn dies ist *keine* eingeborene Welt, sondern eine Welt der Zweiheit, der Antipoden: Tag – Nacht, gut – böse, oben – unten, Mann – Frau.

Allerdings: Seit zweitausend Jahren haben wir die Möglichkeit, all das zu verändern, loszulassen, abzugeben, aufzulösen, zu transformieren. Warum tun wir es nicht? Warum machen wir aus Steinen Brot, stürzen uns in den Tod und verbünden uns für die scheinbare Herrlichkeit dieser Welt mit einem fragwürdigen Geist und dessen Gefolgschaft? Es geht nicht mehr um »ein bisschen Loslassen« von persönlichen Altlasten und Angelegenheiten.

Es geht um alles.

Es geht um unser Leben.

Und es ist an der Zeit.

5. KAPITEL

Von der Kunst des befreiten Denkens

Wissen Sie, was das größte soziale Netzwerk der Welt ist? Es ist ein Internetdienst, in dessen virtuellem Meetingroom sich 400 Millionen Menschen täglich treffen. Er heißt Facebook. Dann gibt es noch Twitter, Skype, MSN, Netlog und so weiter – Websites, über die sich ebenfalls Millionen von Menschen Nachrichten zukommen lassen oder telefonieren. Millionen von Menschen rufen Millionen von Menschen … Hier bin ich – wo bist du? Und, oh Wunder, Millionen von Menschen bekommen Antwort. Wie schön!

Wie schön?

Die Internetkonzerne, über deren Dienste diese weltweiten Bande gesponnen werden, schlagen aus diesem Kommunikationsbedürfnis ihr eigenes Kapital. Es heißt: Datensätze von Privatpersonen. Damit macht man Werbegeschäfte.

Ein weiterer Gigant im Kampf um die Marktherrschaft heißt Google, ebenfalls mit einem neunstelligen Benutzerkontingent. Was »die« Leute beschließen, kann morgen zum gesellschaftlichen Parameter werden.

Wer sind »die« eigentlich? Keiner konnte es mir eindeutig erklären. Niemand sagte: »Das sind Repräsentanten eines ›gefühlten‹ Kollektivs.« Aber alle gaben zu, dass diese Internet-Firmen zur totalen Kontrolle beitragen. Ja, natürlich hat alles zwei Seiten, wir wissen das. Aber wie hoch ist der Preis für diese eine Seite, welche die Grenze zwischen virtuellem und realem Leben immer mehr unkenntlich macht?

Ich frage Sie:

- Wie vielen Menschen *gratulieren* Sie jährlich mit persönlicher Anrede zum Geburtstag?
- Wie vielen Menschen *schenken* Sie jährlich etwas zum Geburtstag?
- Wie viele Menschen *laden* Sie zum Geburtstag *ein*?
- Von wie vielen Menschen *bekommen* Sie eine Gratulation, ein Geschenk, eine Einladung zum Geburtstag?

Dieser Fragenkatalog gilt nicht für den Papst, für den Präsidenten der Vereinigten Staaten und auch nicht für Angelina Jolie, Lady Gaga, George Clooney & Co. Denn die haben alle längst keinen Überblick mehr und brauchen Sekretäre und Bürodamen, um sich die unkontrollierbare Flut von Briefen, Anrufen, Einladungen, Geschenken und Besuchern vom Leib zu halten, damit sie Zeit für ihren wirklichen Bekannten- und Arbeitskreis haben. Haben Sie ihn, den Überblick? Wie viel Mensch braucht und kann ein Mensch ertragen? Und wie viele Freunde kann er haben, also wirkliche Freunde, keine Bekannten? Wir brauchen uns gegenseitig keine Zahlen zu nennen, denn wir wissen, dass die Ziffer höchstens zweistellig sein kann. Sonst wären Sie nämlich schon längst wahnsinnig geworden. Vor allem, wenn Sie etwas älter als vierzig sind. Merken Sie es? Wir haben um uns eine Welt entstehen lassen, die uns unsere Persönlichkeit nimmt, die Konturen unserer Individualität verwischt und die uns unserem Seelenauftrag total entfremdet.

Meine Freundin Ute (»Hilf dir selbst, dann hilfst du Gott«), 15 Jahre jünger als ich, kann nicht »Computer«. Sie hat also keine E-Mail-Adresse, keinen Internetzugang und natürlich auch keine Webseite. Vor ein paar Tagen war sie empört. Ein Freund sagte ihr, er könne mit ihr nicht mehr umgehen, wenn sie weiterhin »computerresistent« sei und ihm unentwegt mit postalischen Sendungen, Besuchen oder Anrufen die Zeit stehle. Er sagte, man könne sich doch im virtuellen Raum treffen und dort bestens austauschen.

»Ich habe ihm dann gesagt, dass ich ihm seinen von mir gebackenen Geburtstagskuchen einfachheitshalber per E-Mail schicken werde, damit er ihn virtuell genießen kann«, schnaubte die Königin der Sprücheklopfer. Ich war sprachlos.

Er hatte ihr gesagt, er korrespondiere täglich mit dreihundert (!) Leuten. Ich fragte sie, wann der Mann arbeite. Er sei in Rente, hörte ich dann, frühpensioniert aus gesundheitlichen Gründen. »Kein Wunder«, konnte ich mir nicht verbeißen zu sagen. Nehmen wir an, es stimmt, was er erzählt hat, dann schreibt der Mann in der Woche an 2 100 Personen! Und er ist nicht der Papst, Barack Obama und, siehe oben.

Ja, ich weiß, Sie haben mich schon längst wieder durchschaut: Wir sind beim Thema Macht/Ruhm angelangt, also bei Ohnmacht und Ehrsucht. Bin ich *mehr*, wenn viele Leute meine Daten haben? Bin ich jemand, wenn mir viele Leute schreiben? Ich behaupte: Der Mann ist total beziehungsunfähig. Und kommunikationsgestört. Aber das ist nur einer von Millionen, der seinen Geburtstagskuchen künftig im sogenannten Chatroom gebacken haben will. Oder doch lieber nicht?

Alles, was wir auf Erden sehen, hat sich vorher im Unsichtbaren vorbereitet. Sie fragen mich jetzt nicht wirklich, was wir loslassen müssen, oder? Ich meine, wenn wir arbeitsunfähig werden und uns frühpensionieren lassen müssen, damit wir ungestörter in virtuelle Dimensionen abdriften können, dann erübrigt sich doch jede weitere Diskussion. Wir sind kollektiv im Begriff, völlig irre zu werden, und (fast) alle finden das vollkommen normal!

Und was noch viel beunruhigender ist: Es geschieht so selbstverständlich und widerstandslos. Unsere jungen Leute machen begeistert mit und unser »Mittelalter«, also die Leute zwischen 40 und 55, die es besser wissen sollten, versuchen mit den Jungen Schritt zu halten. Dann bleibt noch die Generation, zu der ich gehöre und die sich in zwei Lager teilt. Lager A will mit dem ganzen Kram nichts, aber auch gar nichts zu tun haben. Lager B hat mehr oder weniger mühsam gelernt, mit dem Computer umzugehen und nutzt die Möglichkeiten sehr bewusst (außer Utes Freund & Co). Lager A und B haben etwas gemeinsam: Die Leute wissen, wie kostbar das Leben ist und wie schnell das bisschen Zeit vergeht, das noch bleibt. Und diese Zeit wird mit Dingen gefüllt, die lieb und wert sind.

Lieb und wert! Das klingt wie aus einem Grimmschen Märchen, vergessene Worte, im Zeitstrom ertrunken. Und trotzdem wesentlich, denn das ist alles, was Mensch braucht: Liebe und Wertschätzung. Und wenn er selbst nichts hat und tut, was ihm lieb und wert ist, dann ist es mit der Liebe und Wertschätzung nicht so weit her, wie seine Seele hofft.

Erinnern Sie sich noch an Ahriman und Luzifer? Der eine treibt die Vereinnahmung der Menschen voran, indem er ihnen Brot gibt, das aus Stein gemacht ist, und der andere macht uns weis, dass wir alles haben und tun können, was wir wollen, wenn wir nur brav die Bedingungen erfüllen.

Die Bedingungen sind: Vergiss Geist, glaub an Materie! Und glaube, dass wir zwei deine wahren Götter sind, die dich zurück ins Paradies bringen werden. Und wir beeilen uns, der Aufforderung nachzukommen und verwenden alle unsere Kräfte und unseren »Geist« auf den Umgang und die Gestaltung der Materie. Damit scheinen wir dem berühmten Vers 28 der Genesis zu folgen, der Aufforderung des Schöpfergottes: »Machet euch die Erde untertan.«

Wie viel Streit hat es um diesen Satz schon gegeben! Doch genau dieser Umgang mit den Worten der heiligen Schrift zeigt, wie wenig wirkliche Re-ligio, also tatsächliche Rückbindung wir noch haben und dass wir von den Ideen der Neuzeit so gefangen sind, dass wir das Wesentliche dieser Aufforderung nicht als Wahrheit in uns wiedererwecken können.

»Machet euch die Erde untertan.« Das heißt nichts anderes, als dass wir uns als Wesen geistigen Ursprungs nicht auf die gleiche Stufe mit den Dingen stellen sollen, die *nicht* geistesbegabt sind, also mit den materiellen Objekten. Auf die gleiche Stufe stellen. Das heißt, sich mit etwas zu identifizieren, eingehend zu befassen, es nah an sich heran zu lassen, sich danach zu richten, daran festzuhalten, sich davon beherrschen zu lassen – also praktisch *alles*, was wir heute *tun*.

Die Aufforderung, zu Beherrschern dieser Erde zu werden, meint genau das, was der Ausspruch sagt: Wir sollen lernen, den Umgang mit der Materie zu beherrschen. Davon, dass sie von uns ausgebeutet und ruiniert werden soll, war nicht die Rede. Doch genau das tun wir in totalem Missverständnis der Aufgabe, die nur eine von unzähligen Falschinterpretationen unserer Bestimmung im irdischen Sein ist. Wir sind, um das Kind beim Namen zu nennen, total eingekauft worden, haben uns usurpieren (= durch Gebrauch in Besitz nehmen) und unter lautem Freiheitsgeschrei in total abhängige und versklavte

Geschöpfe verwandeln lassen. Wir beherrschen gar nichts mehr. Die Wirtschaft bricht zusammen, die Kulturszene spielt verrückt, die Pädagogik weiß nicht mehr ein noch aus, die Wissenschaft spielt »lieber Gott« und in der Politik weiß die Linke schon längst nicht mehr, was die Rechte tut.

Ahriman, Luzifer & Co können wahrlich einen Dreifach-Sieg feiern: die Eroberung der Gedankenwelt, die gefühlsmäßige Abhängigkeit von der Materie und die Abtrennung vom göttlichen Ursprungswissen. Über Jahrtausende haben sich die Menschen von Wesenheiten (ja, Herrschaften, die existieren, auch wenn man sie nicht sichtbar machen kann!) benutzen lassen, die ihre ganz persönlichen Machtkämpfe über uns, ihre willigen Ideen- und Impulsabnehmer, austragen. Und seit Jahrtausenden werden wir Menschen im wahrsten Sinn des Wortes missbraucht und geben diese Ausbeutung an alles weiter, was wir wiederum glauben, beherrschen zu können.

Loslassen? Wenn wir *heute* damit anfangen, haben wir nicht nur die Missverständnisse von 6,9 Milliarden momentan lebenden Erdenbewohnern zu bearbeiten, sondern auch die über Generationen aufgebauten Gedanken- und Handlungsmuster zu brechen, die uns dahin gebracht haben, wo wir heute sind, die unsere Gesellschaft noch mehr zerrütten werden, als sie es schon getan haben, und die sämtliche Gebiete unseres geistigen Lebens betreffen.

Uns steht ein geistiger »Umzug« gigantischen Ausmaßes bevor, der sich in völlig andere, nämlich bereinigte Denk- und Handlungsgebiete bewegen muss und der nur dann erfolgreich begonnen und fortgeführt werden kann, wenn sich die »Intelligenzia« endlich entschließen kann, die Wahrheit auszusprechen *und* entsprechend zu handeln. Im Griechischen heißt

Wahrheit *Aletheia* und bezeichnet einen Zustand, in dem das »große Vergessen«, die Lethe, aufgehoben und aufgelöst ist. Wir haben vor lauter »Menschwerdung«, also Identifikation mit der Materie, vergessen, wer wir sind, was wir können, was wir sollen und, was am schlimmsten ist, woher wir kommen und wohin wir gehen.

Sicher haben Sie das Recht, jetzt aufzustehen und zu sagen: »Wie soll ich armer Wurm denn bitte die Geisteshaltung und Verhaltensmuster von 6,9 Mrd. Menschen verändern!?« Aber führen Sie sich bitte auch vor Augen: Wenn es *einem einzigen* Wahnsinnigen vor etwa siebzig Jahren gelungen ist, schätzungsweise 55 Millionen Menschen in den Tod zu treiben und bei noch viel mehr Menschen einen Gesinnungswandel und eine Denkumkehrung der verheerenden Art zu bewirken, dann muss es doch möglich sein, am anderen Ende der Skala ein Gegengewicht zu platzieren!

Sie wollen ein Rezept? Sie möchten einen Vorschlag hören? Sie erwarten eine Liste mit Anweisungen?

Ich kann Sie nicht erbringen, diese Leistungen, die den üblichen Änderungs-Modi unserer Gesellschaft entsprechen. Aber ich möchte im besten und schönsten Sinn etwas in Ihnen aufwecken, was im letzten Jahrhundert oft in pervertierter Weise in Anspruch genommen wurde. Es geht um die Aktivierung Ihres ungenutzten Gefühlspotenzials, das Sie mithilfe Ihrer Beherrschung, Ihrer guten Erziehung oder auch Ihrer Ängstlichkeit unter Verschluss halten, nämlich die Wut und den Schmerz darüber, dass Sie daran gehindert werden, das zu leben und zu sein, was Sie eigentlich wollen und was Ihr gutes Recht ist. Diese Wut und dieser Schmerz sollen Ihnen *bewusst* werden. Sie sollen vollkommen fühlbar und begreifbar für Sie werden und diesmal keine »Umlenkung« erfahren, sondern zielgerecht eingesetzt werden.

Das Ziel ist Ihre ganz persönliche Änderung Ihrer Gedankenwelt durch Beobachtung, Korrektur und Veränderung Ihrer Handlungsweisen im privaten wie im öffentlichen Leben. Ich will Ihren Hunger auf das wecken, was Ihre Seele und Ihr Geist erreichen könnten, wenn Sie sich auf das Wagnis einer unbeeinflussten Denkweise und einer selbstverantwortlichen Lebensführung einlassen würden.

Sollten Sie allerdings der Ansicht sein, diese Ansprüche ohne Gottvertrauen erreichen zu können, dann fehlt uns beiden eine wesentliche Grundlage der Verständigung, weil ich Ihnen nur das vermitteln kann, was meiner eigenen Erfahrung und Erkenntnis entspricht. Und die ist: Ohne das Wissen um die reelle Existenz Gottes, den Glauben an das Wirken des lebendigen Christus und ohne die Bereitschaft zur Gesetzestreue ist eine Erweckung der Seelenkräfte, welche die Loslösung, also Erlösung bewirken können, nicht möglich.

Gott ist keine opportune Erfindung bedürftiger Menschenkinder, und das irdische Wirken von Jesus, dem Christus, ist kein nettes Märchen, das von vier Herren vor etwa 1900 Jahren auf Marktplätzen erzählt wurde. Sie müssen diese Wahrheit nicht *glauben*, Sie müssen sie in sich *erfahren* und durch diese Erfahrung aufgerüttelt, ermutigt und bestärkt werden, den Weg der Befreiung, des Loslassens gehen zu *wollen*. Sagen Sie Ja *oder* Nein. Entschließen Sie sich jetzt – und lassen Sie los.

Sie fragen noch immer und immer drängender: *Was* soll ich denn freigeben, entfernen, auslöschen?

Bearbeiten Sie Ihre Bereitschaft, sich vereinnahmen zu lassen, usurpieren zu lassen von Sichtbarem und Unsichtbarem, von allem, was Sie daran hindert, Ihre ursprüngliche Freiheit wiederzuerlangen. Sie müssen sich jetzt nicht hinsetzen und lange Do-and-Don't-Listen anfertigen, denn Sie haben für das, was Sie jetzt vorhaben, eine wunderbare kurze und sehr eindeutige Anleitung – nämlich die Zehn Gebote.

Und falls es Zweifel an der Gültigkeit dieser Gesetze geben sollte, haben Sie die Möglichkeit, bei einer erstklassigen und über allem stehenden Instanz nachzufragen: Ihrem Gewissen. Dieses ist nämlich die allererste Seelenkraft, die in voller Intensität wieder aktiviert werden muss, denn sie ist die Grundlage Ihres Urteilsvermögens, ohne dessen volle Entfaltung Sie als tumber Tor, als Marionette von Psychopathen in dieser Welt herumgestoßen werden und ohne die Sie auch nicht die Menschen erkennen können, welche berufen sind, Ihre Helfer und Begleiter zu sein.

Sie glauben, Sie kennen keine Psychopathen? Ich sage Ihnen, Sie sind mitten unter ihnen und ihnen ausgeliefert, wenn Sie die Erkennungszeichen nicht durchschauen. Psychopathen sind die bevorzugten Ziehkinder unseres Ahriman/Luzifer Duos, und zwar deswegen, weil deren Charaktereigenschaften den ihrigen so unglaublich ähnlich sind. Nicht nur, dass sich immer mehr Menschen in diese Richtung entwickeln, nein, sie werden so *geboren*.

Ich werde sie Ihnen beschreiben, obwohl ich absolut sicher bin, dass Sie eigentlich genau wissen, von wem wir reden. Psychopathen sind leider keine auf den ersten Blick erkennbaren Irren mit auffallenden Verhaltensstörungen, sondern ein immer zahlreicher auftretender Menschentypus, dessen charakteristische Kennzeichen von dem kanadischen Psychologen Professor Dr. Robert D. Hare wie folgt beschrieben werden:

»Trickreiche, sprachgewandte Blender mit oberflächlichem Charme und dem Hang zu übersteigertem Selbstwertgefühl. Weiterhin erkennbar durch

- pathologisches Lügen
- betrügerisches, manipulatives Verhalten
- großartige Schauspiel- und Imitationsbegabung
- Mangel an Gewissen und Schuldempfindung
- immense Sprachbegabung
- oberflächliche Gefühle
- Mangel an Empathie
- Gefühlskälte
- mangelnde Bereitschaft und Fähigkeit, Verantwortung für das eigene Handeln zu übernehmen
- ständigen Erlebnishunger
- parasitären Lebensstil
- unzureichende Verhaltenskontrolle und so weiter

Die Liste endet übrigens mit »Promiskuität und der Neigung zu vielen kurzzeitigen, eheähnlichen Beziehungen«. Außerdem weist Professor Hare diesem Typus folgendes Attribut zu: »Soziale Raubtiere, von denen nicht wenige in unserer Gesellschaft leben.«

Bitte erschrecken Sie nicht, wenn Sie in einigen der aufgeführten Kennzeichen Ihre eigenen Wesenszüge erkannt haben. Nur weil Sie vielleicht gern ausgehen, nicht unbedingt schweigsam sind und möglicherweise zum Jähzorn neigen, gehören Sie noch lange nicht zu dieser eigenartigen Menschensorte, deren psychischer Habitus an der Universität als dissoziative Verhaltensstörung gelehrt wird.

Soll ich Ihnen etwas sagen? Die sind *überhaupt nicht* gestört, sondern einfach aus einer anderen »Fabrik«. Und sie wissen es genau!

Vor etwa dreißig Jahren kam ein Elternpaar zu mir, um sich wegen einer Rechtsangelegenheit Rat zu holen. Als alles besprochen war, sagte die Mutter: »Ach, Frau McLean, draußen sitzt unser Sohn. Könnten Sie den mal anschauen? Wissen Sie, der ist so *anders.*«

Die Eltern gingen hinaus. Der Sohn kam herein.

Er setzte sich lächelnd vor mich hin, nachdem er mir artig die Hand gegeben und sich vorgestellt hatte. Wir sprachen über dieses und jenes, über seine Freunde und seine Schule, doch während ich so mit ihm sprach, hatte ich das Gefühl, dass mich durch diese Augen jemand ganz anderer ansah als dieser Junge, der scheinbar völlig normal und auffallend intelligent mit mir umging. Ich gebe Ihnen mein Ehrenwort, dass das, was ich jetzt erzähle, genau so geschehen ist.

Als ich aufstand, um mich zu verabschieden, dachte ich: Ich probier es einfach. Wenn das, was ich glaube, nicht stimmt, wird er es überhören. Und wenn es stimmt, muss er reagieren. Ich gab ihm die Hand und sagte: »Ich weiß übrigens, wer du bist. Ich kann dich sehen.«

Und er sagte mit einer plötzlich völlig unkindlichen Attitüde: »Und wenn schon. Es wird Ihnen kein Mensch glauben, wenn Sie es jemandem erzählen.«

Und er grinste mich an, wie weiland Edward Norton seinen Anwalt, dargestellt von Richard Gere am Schluss des Films *Zwielicht (Primal Fear)*, wo sich herausstellt, dass eine ach so offensichtliche Persönlichkeitsspaltung nichts als kühl kalkulierte Täuschung war.

Mir lief es *nicht* kalt den Rücken hinunter und ich sagte auch seinen Eltern nur, dass er sich emotional sicher noch entwickeln würde – bei seiner Intelligenz. Denn ich *kannte* diese Art von Menschen schon seit geraumer Zeit. Ihre am deutlichsten hervorstechende Eigenschaft ist, dass sie, im Gegensatz zum üblichen Menschen, *keinen Emotionalkörper besitzen*, das heißt, sie sind weder gestört noch traumatisiert oder was sonst noch alles erzählt wird. Sie sind etwas völlig anderes, als was wir unter »Mensch« verstehen. Diese Wesen kommen auf die Welt, haben sehr schnell ein überaus reifes Bewusstsein und sind äußerst intelligent, was sie aber nur bedingt zeigen. Sie stellen sich völlig bewusst in den altersüblichen Grenzen dar und würden eigentlich gar nicht besonders auffallen, wenn einige von ihnen eben doch nicht so lernfähig wären, wie es unter ihresgleichen üblich ist. Denn diese Menschenwesen müssen dem ganz normalen Lernprogramm eines Kindes noch etwas ganz Spezielles hinzufügen: Sie müssen studieren, wie man Gefühle *darstellt*, denn sie empfinden *nichts*. Also lernen sie, wie man reagiert, wenn man zornig zu sein hat, wie man aussieht, wenn Freude angesagt ist, und welche Miene man aufsetzt, wenn Trauer dargestellt werden muss. Auch das Weinen muss trainiert werden, was erst nach einigen Anläufen klappt. Fragen Sie mich nicht, woher diese Wesen kommen, denn ich weiß es nicht. Aber wenn Sie mich fragen, was sie hier wollen, das kann ich Ihnen gern sagen: Sie sind Vorarbeiter jener zukünftigen Entwicklungsrichtung, die ich vorher schon angesprochen habe: kein Gewissen, kein soziales Empfinden, keine Empathie, keine Religion und keine Liebe!

Dafür aber: brillanter Intellekt, erstklassiges Lernvermögen, endloses technisches Verständnis, Erfindergeist und Organisationstalent. Weiterhin: wissenschaftliches Genie und hohe Begabung für alles Abstrakte, auch in Kunst und Kultur. Ahriman lässt grüßen.

Natürlich gibt es neben diesen Wesen auch die »ganz normalen« Psychopathen. Aber die haben nur scheinbar etwas mit den vorher beschriebenen Wesen zu tun und sind leicht von ihnen zu unterscheiden. Wenn sich Psychopathen aufregen, werden sie rot. Sie kriegen Gänsehaut und die Körperhaare stellen sich auf, wenn ihnen schaudert. Und – sie schwitzen, wenn sie Angst haben und sich massiv bedroht fühlen.

Übrigens sind diese »Anderen« die *idealen* Katastrophenhelfer. Sie sind tatsächlich ausnahmslos fähig, *sehr schnell* die optimale Lösung zu finden – bei allem, was *nicht* mit Emotionen zu tun hat. Und noch eines: Sie sind, wie alle sogenannten dunklen Wesen, keine von Natur aus *schlechten* Menschen, die vom Satan aus der Hölle in unser irdisches Sein expediert wurden. Sie haben eine absolut ähnliche Charakterstruktur wie wir »Normalen«, aber dadurch, dass sie, bedingt durch das totale Fehlen von Gefühlen über einen völlig anderen Gebrauch des Willens verfügen, tun sie immer das, was sich als logischer nächster Schritt und als nächstliegende Lösung anbietet, und zwar nach dem Vorbild ihrer Umgebung, was von »fühlenden« Mitmenschen als eiskalt und manipulierend empfunden wird. Das Paradoxe an der Geschichte ist, dass diese Wesen tatsächlich alles in Ordnung bringen könnten, gerade weil sie ohne Gefühl sind, aber eben nur unter der Voraussetzung, dass sie nur Gutes, Edles und Hilfreiches zu Gesicht bekommen, was, wie wir wissen, nicht möglich ist.

»Du hast mich mächtig angezogen«, sagt der von Faust gerufene Geist. Und es war auch niemand anderer als wir selbst, die solches Wesens- und Seelenmaterial in unsere Wirklichkeit gerufen haben. Alles, was auf diesem Planeten auftaucht, ist von uns »gerufen«. Unsere Kinder entsprechen ihren Eltern, unsere Politiker dem Volk und unsere Künstler der kollektiven Volksseele, die sich zwischen Volksmusik-Stadl und Richard Wagners *Ring* genauso bequem eingerichtet hat wie zwischen öffentlichen Wärmestuben und Edelpuffs. *Anything goes!* Alles ist möglich und (fast) alles ist erlaubt.

Wir wiederholen momentan die Lebensart der 1920er-Jahre, in denen es auch als »chic« (cool!) galt, dem Sittenlosen zu applaudieren, der Verkommenheit rote Teppiche auszulegen und Blender (Psychopathen?) auf die Throne zu heben.

Legen Sie eine vergleichende Zeitschablone auf diesen Abschnitt der Geschichte und das Heute, und Sie können, ohne Hellseher und Propheten in Anspruch nehmen zu müssen, sehen, was auf uns zukommt.

Dies nur nebenbei, damit uns das materielle Loslassen vielleicht ein bisschen plausibler erscheint und wir uns um so mehr auf die Transformation unserer Gedanken- und Gefühlswelt konzentrieren können.

Wie ich schon sagte: Ihre Waffen sind Ihr Bewusstsein und Ihr Wille. Das Gefühl können wir in diesem Zusammenhang nur so weit einbeziehen, als es uns zu Entscheidungen motivieren kann. Ich sage es ja nicht gern, aber bei bestimmten Entwicklungsschritten des Geistes und der Seele stört Gefühl gewaltig, und zwar in ähnlicher Weise wie früher bei der Mathematikprüfung.

Immer, wenn es um Wesentliches geht, ist das, was wir heute als Gefühl (Emotion) bezeichnen, ein Hindernis.

Nein, ich möchte aus meinen Lesern keine »Demotionals«, also gefühlsbeschnittene Wesen machen. Aber ich wäre glücklich, wenn Sie sich folgender Überlegung anschließen könnten: Vor vielen, vielen Jahren war der Mensch tatsächlich fähig, seine Götter zu *hören*.

Darüber, wer oder was diese Götter waren, könnten wir endlose Diskussionen mit sämtlichen Geisteswissenschaftlern dieser Welt führen. Ich persönlich gebe mich mit der Erklärung zufrieden, dass unsere Ururahnen noch einen ungestörten Zugang zu ihrem Alter Ego, ihrem Höheren Ich hatten und auch zu jenen Wesen, die wir bis heute als Engel oder *Angeloi*, also als Boten bezeichnen.

Vorerst geht es uns aber nur um dieses innere »Hören«, das in der *Ilias* wunderbar beschrieben ist, ganz zu schweigen von der Bibel, wo es gang und gäbe war, mit Gott und Halbgöttern (Engeln) zu sprechen. Sollten Sie jetzt (geistig) abwinken oder gar gelangweilten Unmut in sich aufsteigen fühlen, dann sei Ihnen gesagt, dass diese Berichte *keine* märchenhaften Erzählungen sind, sondern exakt dem entsprechen, was die damaligen Erdenbewohner erlebten und wozu ihre Hirne fähig waren. Weiterhin ist es wichtig, sich ins Gedächtnis zu rufen, dass wir von Texten sprechen, die schätzungsweise dreitausend Jahre alt sind.

Wir sind in heutiger Zeit einfach nicht mehr fähig uns vorzustellen, wie die Menschen damals dachten und fühlten, und glauben, »Mensch« habe sich selbst vor Urzeiten genau so wahrgenommen, wie wir es heute tun. Keine Beurteilung ist irrtümlicher als die, dass die damaligen Gedankengänge eben noch »einfach« und im Vergleich »kindlich« waren.

Man wird mich nicht lieb haben für das, was ich jetzt sage: Im Vergleich zu den Menschen der damaligen Zeit sind wir absolute Denk-Kastraten mit einer Haselmaus-Gefühlswelt!

Die damaligen Gehirne gehörten zu Menschen, die keine Elektrizität, also auch keine davon betriebenen Geräte kannten. Die schnellsten Fortbewegungsmittel waren Vierbeiner oder die eigenen zwei Beine, und Jakobswegs-Entfernungen waren nicht erwähnenswert. Man ging/ritt sie einfach. Wenn es hell wurde, stand man auf. Und man ging zu Bett, wenn es dunkel wurde, und zwar nicht nur, weil man müde war, sondern weil die Herstellung von künstlichem Licht (Fackeln, Kerzen, Öllampen) zwar möglich, aber sehr teuer war. Die Gesetze waren klar, die Hierarchien ebenfalls, und jeder wusste, wo er hingehörte und was er zu tun hatte, egal ob er Sklave oder Königssohn war. Es war keine »gute alte Zeit«, es gab Krankheit, Hunger, Krieg, Aufstände und unaufhörliche Monarchenkämpfe. Von zehn Neugeborenen überlebten schätzungsweise drei, und man wurde im Höchstfall sechzig Jahre alt und sah dann aus wie Methusalem.

Aber das Hirn konnte andere Dinge, war zu anderen Wahrnehmungen fähig und speicherte Erlebnisse anders ab. Man hatte ein »Ahnengedächtnis« und eine »Gottverbundenheit«, und diese innere Welt war keine Einbildung, sondern die Widerspiegelung einer Realität, die von der Seele im wahrsten Sinne des Wortes als selbstverständlich »angesehen« werden konnte. Das nannte man »die geistige Schau« oder »das innere Hören«. Im Laufe unserer Entwicklung gingen diese Fähigkeiten allmählich verloren, die entsprechenden Seelenorgane verkümmerten und verwandelten sich in auf die Materie bezogene »Tastorgane«.

Intuition, Inspiration, Imagination. Wer kann heute auf Anhieb die geistigen Vorgänge benennen, die sich hinter diesen Begriffen verbergen? Möchten Sie wissen, was unsere einzige Rettung vor völliger Verkümmerung in dieser als ach so fortschrittlich gepriesenen Zeit ist?

Es ist die Zurückgewinnung der damals vorhandenen und durch falsche Verwendung transformierten Fähigkeiten durch die Reaktivierung von Hirnarealen, die, ihrer ursprünglichen Funktion entfremdet, ihre Mächtigkeit »vergaßen« und schlichtweg »eingeschlafen sind« wie Dornröschen nach dem Spindelstich. In Ermangelung von Schwert schwingenden Geistesprinzen, welche die Begrenzungshecke unseres Bewusstseins durchschlagen könnten, sind wir auf uns selbst angewiesen und müssen unser klamm gewordenes Denkvermögen ohne magischen Erweckungskuss Schritt für Schritt, Gedanke für Gedanke wieder seiner ursprünglichen Fähigkeit zuführen. Das Ziel ist …

Nein, ich spreche es noch nicht aus, denn sonst könnten Sie mich für eine Fantastin halten (falls Sie das nicht sowieso schon tun) oder den Mut verlieren.

Aber eines sei schon ausgesprochen: Wenn Sie nach innen hören, wenn Sie ganz still mit sich selber sind, werden Sie merken, dass da eine Erinnerung wie eine riesige Lust aufsteht und nach oben will in Ihr Bewusstsein, in Ihr Denkvermögen und in Ihren Gefühlsapparat.

Jetzt geht es zunächst darum, all diese gordischen Knoten zu lösen, die in Jahrhunderten um den Seelenkörper gelegt wurden, die uns aufoktroyiert, verordnet und aufgedrängt wurden von den verschiedensten Institutionen, die sich angemaßt haben zu entscheiden, was »das Volk« zu fühlen und zu denken habe. Freiheit, die ich meine, gibt es nirgends zu finden, außer als Erzeugnis eines wachen und reifen Bewusstseins.

Wenn Sie *wirklich* loslassen, sich wirklich in ein anderes, nämlich in Ihr wahres Wesen verwandeln wollen, dann müssen Sie Ihr bisheriges Wesen reinigen, also sämtlichen Schrott bewusst und zielstrebig aus Ihrem Seelenkörper entlassen.

Diese Reinigung kann niemand anderer für Sie erledigen als Sie selbst und niemand wird auf Ihre Transformation Rücksicht nehmen.

Jetzt möchte ich Ihnen gern noch einen Eliminatus-Satz mit auf den Weg mitgeben, also eine Weisheit, die Sie bitte für immer aus Ihrem Denken streichen mögen: *Niemand kann dir helfen, dein Schicksal zu leben, denn das muss jeder allein tun.*

Ganz abgesehen davon, dass unser Kosmos überquillt von Wesen, die wir mit unseren, auf die Bedürfnisse dieser Welt ausgerichteten physischen Sinnen nicht wahrnehmen können, ist es Ihnen bestimmt, Menschen zu treffen, die Ihnen in gewissen Lebenslagen hilfreich zur Seite stehen, so wie auch Sie selbst eine hilfreiche Bestimmung in sich tragen. Manchmal ist es nur ein einziger Satz, der weiterhilft, manchmal eine tatkräftige Aktion, die umso kostbarer ist, wenn sie intuitiv ausgelöst wird.

Was bedeutet *Intuition*? Macht man sich über Wikipedia schlau, erfährt man unter anderem, dass Intuition die Fähigkeit ist, Einsichten in Sachverhalte, Sichtweisen, Gesetzmäßigkeiten oder die subjektive Stimmigkeit von Entscheidungen ohne diskursiven Gebrauch des Verstandes, also ohne Schlussfolgerung, zu erlangen.

Schon beim Lesen dieser (formal gesehen völlig richtigen) Beschreibung wächst die Ahnung, dass wir, also Sie und ich, etwas völlig anderes anstreben als nur Einsicht in Sachverhalte. Hieß es nicht früher: Intuition ist eine Eingebung, die nicht durch das Denken erkennbar wird, sondern durch ein ahnendes Erfassen. Hört, hört! Ahnendes Erfassen! Das ist schon etwas ganz anderes als »der nondiskursive Gebrauch des Verstandes«!

Aber genau das ist es, dieses Verlieren von Ausdrücken, vom Erfassen des Wesentlichen, was den allgemeinen Verlust der Intuitionsfähigkeit beweist. Denn Intuition ist unser spirituelles Bewusstsein, das, wenn es nicht durch materialistisches Denken eingeschränkt wird, zu einem allumfassenden Wahrnehmen befähigt, das weit über der Qualität einer Ahnung liegt, die mehr oder weniger in uns klar aufsteigt. Wie aber könnte dieses allumfassende Wahrnehmen wieder erreicht werden?

Es entsteht aus einem klaren (gereinigten!) Selbst-Bewusstsein (Delphi!) und der sich daraus ergebenden Verbindung mit geistigen Wesen. Bevor wir den nächsten Schritt tun, möchte ich noch einmal klar und deutlich betonen: Jede Verbindung mit geistigen Wesen, die auch nur die geringste Veränderung oder gar den Verlust der eigenen Identität herbeiführt, ist eine Besetzung und damit eine psychische Erkrankung, die in ärztliche Behandlung gehört. Und: Kein einziges edles geistiges Wesen wird sich über eine Person kundtun, deren Selbstkontrollfunktionen durch diese Verbindung gestört oder ausgeschaltet werden.

Nach diesem Kriterium mögen Sie bitte sämtliche im Moment auftretenden Medien beurteilen – und auch sich selbst beobachten. Geistige Wesen sind nämlich, wie ich bereits früher sagte, nicht immer nur gütige, edle und lichtvolle Gestalten, sondern genau wie wir Erdenbewohner von unterschiedlichster Wesensart. Und sie haben die Angewohnheit, sich an adäquate Menschenseelen anzuschließen, nach dem ehernen kosmischen Gesetz: Gleich und gleich gesellt sich gern.

Bevor Sie edle und hilfreiche Geister um sich versammeln können, ist es also notwendig, die alte »Mannschaft« auf ihre Qualität hin zu untersuchen. Ob Sie es wissen, glauben oder ablehnen: Sie sind längst umgeben von einem ganzen Schwarm dieser Wesen, und zwar seit dem Moment Ihrer Geburt. Man kann sie nicht sehen (außer in wenigen Ausnahmesituationen) und man kann sie nicht im physischen Sinne hören. Wohl aber kann man ihre Impulse empfangen, und die lassen sich dann in eine vage oder klare Empfindung beziehungsweise einen Gedanken übersetzen.

Die höchsten und wunderbarsten Mitteilungen geistiger Wesen kommen bei Ihnen nur in der Form an, die Sie zu empfangen und zu entschlüsseln imstande sind, und Sie sind es auch, der/die der Botschaft ihre Qualität gibt, und zwar durch Ihre eigene geistig-seelische Beschaffenheit. Nehmen Sie zehn Leute und spielen Sie ihnen acht Takte eines unbekannten Liedes vor, oder rezitieren Sie Strophe 18 aus Schillers Ballade »Das Lied von der Glocke«. Und dann lassen Sie sich von jedem einzelnen vortragen, was er/sie sich gemerkt hat. Sie werden sich wundern! Wären beispielsweise die große Sopranistin Anna Netrebko und der Oscar-Preisträger Christoph Waltz unter den zehn Probanden, würden Sie sich ebenfalls wundern. Dann hätten Sie nämlich eine perfekte Wiedergabe, weil diese Leute geübt sind, solche Informationen *völlig bewusst* aufzunehmen und bei Bedarf wiederzugeben. Mit uns und den geistigen Wesen verhält es sich ebenso: Wer gewohnt ist »hinzuhören«, kann mit dem Gehörten umgehen. Jeder andere hat eben nur eine »gefühlte Ahnung«, was so viel heißt wie keine oder nur eine ungefähre Information. Diese intuitiven Impulse sind darauf ausgerichtet, uns die Zusammenhänge und Erkenntnisse, welche unser »Sein« betreffen, erklärbar und verständlich zu machen. Intuition ist eigentlich unsere Erinnerung an unsere vorgeburtliche »Denkweise«. Sie ist ein »klares Empfindungs-Wahrnehmen« und, wenn man sie freigeschaufelt hat, ein völliges »Sicher-Sein« innerhalb der irdischen Gedanken- und Gefühlswirrnis. Intuition ist geistige Heimat, zweifelsfreies Sein und ein Ausdruck der grandiosen Kommunikationsfähigkeit unserer Seelenorgane.

Auf einer darunter liegenden Ebene des Bewusstseins spielt sich die *Inspiration* ab, die in Beziehung zu Kultur, Wissenschaft, Technik, Industrie, Wirtschaft, Erziehungs- und Bildungswesen steht – kurz zu allem, was den menschlichen Geist beschäftigt. Inspiration ermöglicht das Erkennen von Zusammenhängen und liefert Verbindungsmöglichkeiten zwischen Dingen, die sich als bildhaftes Erkennen ohne Mitwirkung unseres Egos, also ohne willentliche Erzeugung, vor unserem geistigen Auge abspielen. Auf diese Weise, nämlich durch Betrachten dieser inspirierten Imaginationen, entstehen Ideen. Da die meisten Menschen das Gefühl für intuitive Vorgänge verloren haben, sind sehr viele von uns der irrigen Ansicht, selbst der Erzeuger jener Ideenergebnisse zu sein, die sich als Erfindung, künstlerisches Produkt oder wissenschaftlicher Fortschritt über sie kundtun. Sie spüren den intuitiven »Input«, der die Inspiration aktiviert, die wiederum die Imaginationen lebendig werden lässt, einfach nicht.

Jedes Geistesprodukt eines menschlichen Gehirns ist das Ergebnis des Zusammenwirkens von geistigen Wesen und Mensch. Die geistigen Wesen liefern die Legitimation, nämlich Impulse, welche die Imagination im Menschen aktivieren. Auf der Ebene der Inspiration fügen sich dann die Bilder der Materie und die geistige Schöpferkraft zu dem zusammen, was wir schließlich erfreut als »Einfall« in Empfang nehmen.

Unser Ego nimmt nicht gern zur Kenntnis, dass wir ausnahmslos »Wiedergabegeräte« sind, die bereits gefasste Entschlüsse, geplante Konstruktionen, getätigte Erfindungen und geleistete Kunst- und Literaturergebnisse auf die materiellen Bedingungen übertragen, und zwar entsprechend der Qualität und des Fassungsvermögens der Empfangsorgane, der Antennen, sprich: der Feinsinnigkeit, Aufmerksamkeit, Fähigkeit und Einstellung des jeweiligen menschlichen Empfängers. Das, was wir Bildung und Fachwissen oder Talent und Genie nennen, ist nur die Grundbedingung, die uns, dem momentanen Stand der Dinge und Entwicklung entsprechend, befähigt, die Ergebnisse über unser »Begreifen« in diese Welt zu transportieren.

Plato, der große Philosoph, hatte recht: Wir sind ein Volk von Schattensehern, die sich, aus Angst zu erblinden, nicht ins Licht wagen, anstatt zu erkennen, dass sie durch Abwendung von den Schatten sehend würden. Diese Abwendung von den Schatten würde die Erkenntnis der Vergänglichkeit bringen, die Bedeutung der Materie relativieren und die Befreiung des Egos als erstrebenswertes Ziel vor Augen führen. Solange wir uns an der Materie orientieren, hat das Ego einen wunderbaren Nährboden, auf dem es immer weiter wachsen und gedeihen kann, wo es seine Irrtümer hegt und pflegt und damit das

Erwachen des Alter Ego, des Höheren Ichs erfolgreich verhindert.

Das grundsätzliche Umdenken kann nur gelingen, wenn Sie bereit sind, die vorher angesprochene Reinigung Ihres Denkens, Fühlens und Wollens in Angriff zu nehmen. Das kriegerische Wort Angriff ist in diesem Zusammenhang absolut angebracht, denn Sie werden auf ungeahnte Widerstände stoßen, dadurch aber noch mehr über die Vielfältigkeit Ihres Innenlebens erfahren und auch Kenntnis über die Einwirkungen und Beeinflussungen der unsichtbaren Partizipanten in Ihrer Seele erlangen. Wir stehen nicht vor einem Weltuntergang, sondern vor einem gewaltigen Umbruch der menschlichen Empfindungs- und Verstandesseele. Wenn Sie diesen Übergang in bestmöglicher Verfassung mitmachen, ja vielleicht sogar mitgestalten wollen, sollten Sie Ihre bisherigen Denkgewohnheiten überprüfen, bevor wir mit der eigentlichen Reinigungsarbeit beginnen. Um dieses Kunststück überhaupt zustande bringen zu können, gilt es, die Kontrolle über etwas zu erlangen, das als »unbeabsichtigtes Denken« bezeichnet wird.

Moment mal, werden Sie sagen (beabsichtigt denken?), ich denke doch immer unbeabsichtigt, denn ich stelle mich doch nicht am Morgen hin und sage mir: »So, Isolde (Günther, Irma, Karl usw.) jetzt wird gedacht!«

Ich serviere Ihnen jetzt eine Stelle aus einem Roman: »Und mit einer unbeabsichtigten Bewegung stieß er die chinesische Vase von ihrem Sockel.«

Was war denn diese »unbeabsichtigte« Bewegung? Wo kam sie her? Wodurch wurde sie ausgelöst?

Wir könnten jetzt ein Symposium mit Wissenschaftlern und Spezialisten einberufen, welches zur Aufklärung der unbeabsichtigten Zerstörung der chinesischen Vase führen soll. Lachen Sie nicht! Ich habe schon Symposien mit wesentlich geistloseren Aufgabenstellungen durchlitten! In diesem Fall kann ich Ihnen das Ergebnis sagen: Die Symposiumsteilnehmer werden befinden, dass die Vase durch einen Reflex zu Schaden kam, der wiederum die Folge eines mittelbaren Reflexes … – Moment mal!

Ist ein Reflex nicht eine Re-Aktion, also eine Antwort auf eine vorangegangene Aktion? Und was heißt mittelbar? Schwierig, undurchschaubar, diffizil …

Um es kurz zu machen: Nach drei Tagen würde sich herausstellen, dass die Vase Eigentum der verhassten Schwiegermutter (Erbtante, Firmenchefin usw.) war und der Reflex als eine subliminal gesteuerte Aktion zu bezeichnen ist. *Subliminal* bedeutet unterschwellig und kommt in der psychologischen Fachliteratur auf jeder Seite schätzungsweise dreimal vor.

Wissen Sie, wenn man mit sehr vielen Leuten sehr lange über ein bestimmtes Thema spricht, dann wird das Sujet der Verhandlung immer komplexer und undurchsichtiger, je länger die Diskussion dauert, und zuletzt kommt es zu Ergebnissen, die der Welt als große, neue Erkenntnisse verkündet werden.

Ich erspare Ihnen die Ergebnisse in Bezug auf den Begriff »subliminal« und biete Ihnen dafür eine Erklärung nach der berühmten »DKNK«- Methode an, welche lautet: Subliminal ist alles, was das Gegenwartsbewusstsein nicht wirklich interessiert oder was man sich selbst nicht eingestehen will, weil es peinlich ist, und was deswegen in der untersten Kommodenschublade der Psyche abgelegt wird.

Ach, Sie wollen wissen, was die berühmte DKNK-Methode ist? Nein, es ist nicht Donna Karans neue Zweigstelle in Neukölln, sondern »Des Kaisers Neue Kleider«. Sie wissen schon, das ist das Märchen, in dem ein Riesenbohei um die neue Mode eines Imperators gemacht wird und sich am Ende herausstellt, dass er nackt ist, was aber nur ein Kind bemerkt.

Merke: Die Wahrheit (also das Wesentliche) ist immer in einem einzigen Satz unterzubringen.

Na, wenn das so ist, versuchen wir es doch mal mit einem Satz: Der Sinn des Lebens eröffnet sich nur demjenigen, der die Täuschungen der Materie durchschaut und sich von ihnen nicht mehr beherrschen lässt.

Frage: Was sind die Täuschungen? Alles, was das Ego für unverz*ich*tbar hält.

Was ist das Ego?

Das Ego ist der Teil des Menschen, der prädestiniert ist, auf Täuschungen hereinzufallen.

»$a^2 + b^2 = c^2$ und basta!«, würde Pythagoras sagen.

Solange das Ego nicht erkannt und beaufsichtigt, also ständig beobachtet wird, werden Sie der Reiter sein, der mit dem Sattel auf dem Rücken hinter seinem Pferd her rennt. Und solange Ihre Gedanken (bewusst oder *scheinbar* unbewusst) von Ihrem Ego gesteuert werden, haben Sie die Mechanismen Ihres Denkapparates nicht im Griff.

Zunächst: Jedem Denkvorgang, den Sie tätigen, geht eine Absicht voraus, also eigentlich ein »Vordenken«. Diesem Vordenken werden wir die Zügel anlegen, denn es ist das Werkzeug unserer inzwischen allseits bekannten »Treiber«. Und es ist deswegen so mächtig, weil es fast nicht beobachtet werden kann.

Vor dreitausend Jahren war dieses Vordenken den Stimmen der Götter (Ahnenwesen, Geistwesen usw.) gleichgestellt, die ganz selbstverständlich wahrgenommen und befolgt wurden. Dann entwickelte sich der Wille, das Ego wuchs, das Sinnesorgan des inneren Hörens verkümmerte und zurück blieben sehr intelligente, willensbetonte, urteilsstarke, aber ziemlich rat- und haltlose Menschen.

Die große Freiheit?
Es sind dreitausend Jahre vergangen, liebe Leser. Dreitausend Jahre Entwicklung, Erfahrung, Expansion und Transformation. Es ist an der Zeit, die Fähigkeiten der Vergangenheit mit den Errungenschaften der Neuzeit zu verbinden und ein völlig neues Verständnis von Übersinnlichkeit zu entwickeln. Das Chaos muss geordnet werden! Und deswegen biete ich Ihnen die Erfahrung des absichtslosen Denkens an, das man immer dann anwenden kann, wenn man den Ego-Aktionen Zügel anlegen will.

Absichtsloses Denken hat kein Vordenken, sondern ist intuitives Wahrnehmen von Gedachtem. Um dies zu verstehen, sollten Sie einmal »schmecken« können, wie sich absichtsloses Denken anfühlt, also Denken ohne Vordenken und ohne Willensinhalt. Vielleicht werden Sie jetzt sagen: »Aber das ist doch völlig sinnlos!« Beinahe richtig erkannt, aber eben nur beinahe. Die Sinnlosigkeit ist nur scheinbar, denn der Sinn ist die Erfahrung an sich. Und diese Erfahrung ist die Vorstufe für die Kunst der Gedankenkontrolle und der Erschaffung der Gedankenleere. Dieser Willensakt wird das Zaumzeug für Ihr Ego sein.

Um diese hohe Kunst des scheinbar sinnlosen Denkens erlernen und üben zu können, hat uns ein genialer Dichter – Christian Morgenstern – ein geniales Gedicht hinterlassen:

Das große Lalula

Kroklokwafzi? Semememi!
Seiokrontro – prafriplo:
Bifzi, bafzi; hulalemi:
Quasti basti bo ...
Lalu lalu lalu lalu la!

Hontraruru miromente zsku zes rü rü?
Entepente, leiolente
Klekwapufzi lü?
Lalu lalu lalu lalu la!

Simarar kos malzipempu
Silzuzankunkrei (;)!
Marjomar dos: Quempu Lempu
Siri Suri Sei [ ]
Lalu lalu lalu lalu la!

Das nennt man Onomatopoesie, was mit » Lautmalerei« übersetzt wird. Wenn Sie diese scheinbar sinnlose Wortschöpfung noch einmal lesen, werden Sie bemerken, dass in Ihrem Hinterkopf ein Fragesteller erscheint, der zuerst mit Belustigung, dann mit interessierter Beharrlichkeit und zuletzt mit gereiztem Unmut auf das wiederholte Lesen reagieren wird. Da ist er, der Treiber! Er kann nicht zuordnen, sieht kein Ergebnis, erkennt keine Information, also erzeugt er den Impuls: Weg damit! Das ist typisch für unser gesamtes Entwicklungskonzept, welches nur anerkennt, was Gewinn bringt und/oder weiterführende Information, und zwar auf Materie anwendbare Information, denn alles andere ist ja angeblich wertlos.

Die Sehnsucht, die nach Loslösung von dieser Getriebenheit

sucht, ist in der Seele längst erwacht. Da sie diese Sehnsucht aber nicht zu deuten weiß und die Mittel und Wege zu ihrer Erfüllung nicht kennt, stürzt sie sich auf das Naheliegende und klammert sich daran fest. Dieses Naheliegende heißt: Comedy und Rap oder: Alkohol und Drogen oder: Pervertieren und Durchdrehen oder: Vernichten.

Legen Sie abermals die Zeitschablone an und stellen Sie fest, wie sich die Ereignisse gleichen. Nur falls jemand nicht weiß, was Rap ist: Rap war ursprünglich ein Sprechgesang der Schwarzen, über den sie ihre Situation verständlich machen und zum Ausdruck bringen wollten. Heute sind die Rhythmen so gestaltet, dass sie jeder harmonisierenden Schwingung entgegenwirken. Wie alles, worauf sich der Kommerz stürzt, ist der Rap heute zu 90 Prozent zu seelenlosem Wortgeklüngel verkommen, das kein Mensch versteht und das keinen Menschen meint. Die Performer stellen sich als »Gangster« dar und geben sich aggressiv und gefährlich, was sich über ihre Produktionen fühlbar mitteilt. Immerhin – um diese Werke anzuhören, braucht man keine absichtserfüllten Gedankenkräfte in Anspruch zu nehmen. Aber statt Erholung im Absichtslosen zu finden, werden die Gefühlskörper der Zuhörer mit aggressiver und depressiver Energie aufgeladen. Die Folgen sind so offensichtlich, dass sich jeder Kommentar erübrigt. Vielleicht werden Sie jetzt sagen: Ja, kann man denn gegen eine solche Übermacht mit einem Gedicht von Morgenstern antreten?

Ja, denn Sie sind nicht allein. Es gibt viele Arten und Weisen, sich stark zu machen, also den Geist und die Seele zu reinigen. Die einen verwenden ein Mantra, die anderen gehen in einen Ashram, um das schwerelose Fliegen zu lernen. Wieder andere gehen ins Kloster und schweigen für den Rest ihrer Tage. Es gibt viele Wege, um im wahrsten Sinn des Wortes zum Bewusstsein zu kommen und aus einer langen Ohnmacht aufzuwachen. Der hier angebotene Weg entspricht der europäischen Mentalität und Entwicklung – und hat schon funktioniert!

Das, was Sie hier lesen, ist kein Auszug aus einem lustigen Soul-Stretching-Programm. Es ist kein Experiment. Vielmehr handelt es sich um erprobte Schritte auf dem Weg einer rückführenden Weiterbildung, auf dem das Wertvolle der letzten hundert Jahre mitgenommen und einbezogen und zerstörerischen Kräften entgegengewirkt wird. Die Waagschale des Gegengewichts muss sich endlich wieder senken, und das *kann* sie auch, nämlich unter dem Gewicht dessen, was Sie und wir alle loszulassen bereit sind. Von diesen Dingen zu lesen und sie sich vorzustellen, ist eine Sache. Mit all dem umzugehen, es im eigenen Leben unterzubringen, eine andere. Es verhält sich wie mit dem Erlernen einer Fremdsprache. Der eine hört ein bisschen hin, liest ein paar Bücher, und schon, so scheint es, hat er die Grammatik begriffen und den Wortschatz gespeichert. Der andere hingegen sitzt und lernt und müht sich, hat aber offenbar keine »Schublade«, in welcher er den Neuzugang unterbringen könnte. Mit dem Wissen um die geistig-seelischen Vorgänge, über die wir uns bis jetzt unterhalten haben, verhält es sich ganz ähnlich. Um es aufzunehmen, braucht man kein Talent, wie oft angenommen wird, man muss sich nur erinnern. In den mannigfachen Existenzen, die wir im Laufe der Jahrtausende durchlebt haben, ist eine Ansammlung von Eindrücken und Erfahrungen zustande gekommen, die in unserem jetzigen Dasein wieder belebt und wie ein innerer Orientierungshelfer spürbar wird.

Stellen Sie sich vor, Sie haben jahrelang in einer bestimmten Stadt gewohnt und ziehen dann plötzlich nicht nur in eine andere Umgebung, sondern vielleicht sogar auf einen anderen Kontinent, wo eine fremde Sprache gesprochen wird und eine andere Mentalität herrscht. Nach zwanzig Jahren kehren Sie an Ihren Ursprungsort zurück, den Sie seit Ihrem Umzug nicht mehr gesehen haben.

Ich kann Ihnen sagen, wie es sein wird: Man wird denken, Sie seien ein Fremder, und Sie selbst werden sich auch so fühlen. Sie werden sich verlaufen, weil bestimmte Orientierungspunkte nicht mehr existieren. Ihre Freunde werden in alle Winde verstreut sein, und wenn Sie jemandem von früher begegnen, kann es passieren, dass derjenige Sie nicht erkennt. Außerdem werden Sie einen fremdländischen Akzent angenommen haben und zwischendurch nach Worten suchen. Und nun machen Sie sich bitte klar, wie viel Zeit zwischen Ihrer vorhergehenden und Ihrer jetzigen Inkarnation liegen mag! Trotzdem – je öfter Sie bestimmte Dinge getan, und je tiefer sich Ihnen bestimmte Verhaltensformen eingeprägt haben, desto schneller werden diese »Erinnerungen« in Form von Eigenschaften und Talenten, Sympathien und Antipathien, Lernschwierigkeiten oder schneller Auffassungsgabe wieder aufwachen.

Alles, was ich Ihnen in diesem Buch erzähle, wissen Sie, oder besser, haben Sie vor langer, langer Zeit bereits gelernt, erfahren und verwendet. Doch wenn man etwas lange nicht benutzt, geschieht es eben, dass es einfach aus dem Gedächtnis verschwindet – nicht aber aus dem Bewusstsein. Alles, was Sie jemals erlebt, erlitten, durchwandert haben, ist in Ihrem Seelenkörper gespeichert und kann jederzeit wieder aufgeweckt werden. Je länger eine Erfahrung zurückliegt und je weniger eindrucksvoll sie war, desto schwieriger ist es, sie wieder aufzugreifen oder innerhalb der veränderten äußeren Umstände einzuordnen.

Es gab und gibt in Ihren früheren Daseinsformen wie auch in Ihrem jetzigen Lebensverlauf Erkenntnisse, Lehrmeinungen und Standpunkte, die schlichtweg falsch waren und sind. Bei manchen ist einer Revidierung leicht zuzustimmen, weil sie inzwischen offensichtlich geworden sind oder sich durch Entwicklung einfach selbst korrigiert haben, sodass sich jede weitere Diskussion erübrigt (etwa: »Die Erde ist eine Scheibe, und alles Leben hat sich aus Schlamm entwickelt.«), während anderes, das die ewige Wahrheit enthält, zugunsten materialistischer Orientierung geopfert wurde. Es ist nun an der Zeit, diese Wahrheiten wiederaufleben zu lassen, das Gleichgewicht zwischen Materie/Physik und Geist/Gesetz wiederherzustellen und das Zerstörerische zu erkennen und zu entfernen, das sich, begünstigt durch das entstandene Ungleichgewicht, ungehindert etablieren konnte.

Der Mensch, dessen Seelenkörper genauso anfällig oder resistent gegen Angreifer ist wie sein physischer Organismus, hat sich in den letzten 150 Jahren in stiller Absprache mit seinen Zeitgenossen darauf geeinigt, dass es Bakterien, Viren und Pilze gibt, die dem Körper zusetzen können, und dass ein gut unterstütztes Immunsystem der beste Schutz dagegen ist. Mit der Idee, dass es vergleichbare geistige Angreifer gibt, die über den Seelenkörper nicht nur auf das Geistesleben eines Menschen Einfluss nehmen können, sondern sich auch gern wie Parasiten einnisten, um dann verschiedene Formen von Fehlverhalten wie auch psychische und physische Krankheiten auszulösen, kann man sich wohl eher weniger anfreunden.

In früheren Zeiten war das Wissen um diese Zusammenhänge selbstverständlicher Bestandteil des Bewusstseins und der ärztlichen Kunst. Man wusste aus den im letzten Kapitel angesprochenen Gründen, die Verbindungen zu deuten, die sich über die körperliche und geistig/seelische Verfassung eines Menschen zeigten. Dann gingen diese Kenntnisse verloren, um im 19. Jahrhundert langsam wieder über den Weg der Forschung ins Gedächtnis gerufen zu werden. Ich sage mit voller

Absicht »Gedächtnis«, denn alles, was wir heute glauben entdeckt und erforscht zu haben, war vor Jahrtausenden schon bekannt. Was der gefeierte Hippokrates wusste, war nur ein müder Abglanz eines medizinischen Könnens, das nie in einer uns bekannten Schriftform festgehalten war, weil es zu jener Zeit auf andere Weise weitergegeben wurde. Man wusste in einer Zeit vor unserer Zeit auch über Parasiten & Co. Bescheid, und zwar wesentlich umfangreicher als heute.

Für uns genügt es zunächst zu wissen, dass ein Parasit ein Schmarotzer ist und dass es davon zwei Sorten gibt, nämlich die, welche auf einen Wirt zwingend angewiesen sind, und jene, die zeitweise auch ohne Wirt auskommen.

Uns interessieren vor allem die obligaten Parasiten, also diejenigen, die ohne einen Träger nicht auskommen. Zu diesen gehören unsere Viren, diese nichtzellulären Gebilde, die keine »Lebewesen« sind und die über keinen eigenen Stoffwechsel verfügen, weswegen sie ohne Wirt, der diesem Mangel abhilft, nicht bestehen können. Wir wollen noch kurz festhalten, dass man unter Stoffwechsel sowohl die *Aufnahme* und den *Transport* von Stoffen als auch deren *Umwandlung* und die *Ausscheidung* des Ergebnisses versteht.

Schmarotzer gibt es millionenfach. Der Floh gehört ebenso zu dieser Spezies wie der allseits beliebte Freund mit dem aus stetigem Geldmangel entstandenen »einnehmenden Wesen«. Schmarotzertum braucht immer zwei: einen, der ausgesaugt wird, und einen anderen, der so tut, als könne er nicht anders, weil sonst seine Existenz auf dem Spiel steht. Wer glaubt, diese Nutznießer trieben nur im Sichtbaren ihr Unwesen, hat übersehen, was schon in früheren Kapiteln immer wieder betont wurde: *Alles*, was auf dieser Erde erscheint, und sei es nur unter dem Mikroskop sichtbar, hat sich *zuerst* im Unsichtbaren manifestiert. Unsere Schmarotzermodelle können wir also samt und sonders auch im sogenannten Jenseits finden, das wir nur deshalb so nennen, weil unsere Sinne auf das für uns Sichtbare beschränkt sind, also auf die im wahrsten Sinne des Wortes begreifbaren Dinge.

Sicher erinnern Sie sich an die »Treiber«, die Sie beim mehrmaligen Lesen des »sinnlosen« Gedichts und als »Beisitzer« in der Spielbank gefühlt haben sollten. Wenn Sie ein wirklich befreites Leben kennenlernen wollen, dann sind diese (Sklaven-)Treiber wirklich das Erste, was Sie loslassen müssen, denn unsere Ergebenheit gegenüber diesen geistigen Schmarotzern, Schädlingen und Schnorrern ist der Ursprung allen Übels. Um es gleich vorwegzunehmen und Verwechslungen vorzubeugen: *Nicht* zu diesen Zecken gehören unsere symbiotischen Begleiter, welche wir, ebenfalls unsichtbar, in großer Zahl um uns versammelt haben. Sie sind nicht nur unentwegt bestrebt, die Schäden auszugleichen, welche durch die »Treiber« angerichtet werden, sondern sorgen auch für das Gegenteil, nämlich für unsere Lust auf Veredelung und Erkenntnis. Wer aber sind nun diese sogenannten »Treiber«, diese Seelenviren, deren Besetzung so gefährlich sein kann wie eine schwere Infektionskrankheit in unserem Körper?

Um Treiber wirklich beobachten zu können, muss man sich gut über ihre Herkunft und ihre Charakteristika informieren. Es gibt, wie bei den irdischen Schmarotzern, zwei Grundtypen, nämlich die, welche eigentlich auch ohne uns auskommen könnten, und dann jene, die ohne uns verhungern würden, weil sie als Dunkelwesen keine Seelenenergie aus sich selbst heraus bilden können. Sprechen wir zuerst über unsere fakultativen Trabanten, die zwar durch ihre Bedürftigkeit zu Treibern werden, aber keine intelligenten »Hetzer« sind. Sie schließen sich gern an, wenn wir *bereits im Begriff* sind, Bedürfnissen nachzukommen, die mit der Befriedigung von Gier und

Trieberfüllung zu tun haben. Diese Wesen sind Seelen, die mit den Erinnerungen an ihre früheren, über die physischen Sinne erzeugten Körpergefühle nicht zurechtkommen und ihre irdischen Gelüste nun nicht mehr physisch ausleben können. Sie lechzen deshalb buchstäblich nach den Empfindungen, von denen sie zu Lebzeiten am meisten abhängig waren und deren Verlust sie jetzt, als körperloses Geschöpf am stärksten empfinden und natürlich am meisten vermissen.

Nein, Sie brauchen nicht zu raten, was das wohl sein könnte, denn es ist immer das Gleiche, was Menschen sowohl im Irdischen als auch im Jenseits attraktiv finden: Alkohol, Sex, Drogen, (Fr-)Essen, Bewunderung und Beifall. Durch das Teilnehmen an unseren diesbezüglichen Betätigungen erhalten diese Nutznießer Second-Hand-Gefühle geliefert, an denen sie sich delektieren wie Hungrige an einem Buffet. Das Gefühl, das der »Wirt« erhält, ist lediglich eine Empfindung, die man am ehesten mit einer Bestätigung vergleichen könnte. Unter den eben genannten »Trittbrettfahrern« finden sich übrigens auch regelmäßig Wesen, die als Ahnen, also verstorbene Vorfahren glauben, aufgrund der genetischen Verbindung besondere Vorrechte zu haben. Dieser Glaube wird vor allem von den Wirten unterstützt, die sich gedanklich mit den Verstorbenen beschäftigen.

Merke: Jeder Gedanke ist ein Ruf in die Unendlichkeit und sowohl ein Signal als auch eine Aufforderung für Gleichgesinnte, sich anzuschließen.

Es soll ja noch immer genug Menschen geben, die glauben, der Tod beende jede Verbindung. Diese Auffassung wird von einer solchen Fülle von gegenteiligen Berichten ad absurdum geführt, dass zehn Bände nicht ausreichen würden, um entsprechende Erlebnisse mit Verstorbenen wiederzugeben. Vielleicht erinnern sich einige, die mein Buch *Kontakte mit Deinem Schutzgeist* gelesen haben, an die Erzählungen über meine Kinderfrau Alena, mit der ich in einer Art Mutter-Tochter-Beziehung stand. Wir hatten unter anderem einen *Running Gag*, den wir immer dann zum Besten gaben, wenn eine Tür sich automatisch öffnete. Dann sangen wir das aus einer Broadway-Show der 1920er-Jahre stammende Lied »Open the door, Richard«, das wirklich nur jemand kennen kann, der damals gelebt und das Comeback des Songs in den 1940er-Jahren mitbekommen hat.

Wir unterhielten uns oft über das Thema Tod und sie, die Ältere von uns beiden, versprach, mir dereinst ein Zeichen aus dem Jenseits zu senden.

Alena starb und es fand nicht die geringste von all diesen berühmten Jenseitsdemonstrationen statt, von denen ich immer gehört hatte: Kein Bild fiel von der Wand, kein Klavier fing nachts selbsttätig an zu spielen, keine weiß gewandete Dame durchwandelte die Räume und keine Stimme wisperte geheimnisvoll zur Mitternacht. Ich fand mich langsam damit ab, dass sie mich oder das Versprechen wohl vergessen hatte. Eines Tages saß ich im Speisewagen des Nachtzugs von Lindau nach München. Kurz vor der Endstation begann ich, mich in Gedanken mit Alena zu beschäftigen. Es gab keinen Anlass. Weder war es ihr Todestag noch sonst ein prägnantes Datum – sie kam mir einfach in den Sinn. Und ich sagte in Gedanken zu ihr: »Also weißt du, ein *bisschen* hättest du dich schon anstrengen können, um mir irgendwie zu zeigen, dass du gut drüben angekommen bist!« Kurz bevor der Zug am Zielort ankam, stellte ich mich in den Vorraum, von dem man in die 1. Klasse sehen konnte. Eben wurde einer alten Dame in den Mantel geholfen. Sie trat vor die Glastür, beobachtete das automatische Öffnen und – sang: »Open the door, Richard!« Ich musste es einfach wissen. Also fragte ich sie, ob sie dieses Lied immer singe, wenn sich eine Tür öffne. Sie schaute mich an wie ein aus einem Traum erwachendes Kind und sagte: »Also wissen Sie was, dieses Lied habe ich das letzte Mal vor sechzig Jahren gesungen. Aber jetzt, als die Tür aufging, da *musste* ich es plötzlich singen. Ich weiß auch nicht, warum!«

»Sagen Sie«, konnte ich nicht an mich halten zu fragen, »glauben Sie an Zeichen von Verstorbenen?«

»Ach, das ist seltsam«, sagte sie, »gerade vorhin haben meine Tochter und ich uns lange über dieses Thema unterhalten und dass ich ihr ein Zeichen geben werde, wenn es einmal so weit ist.«

So viel zum Thema Sterben. Amen.

Wenn Ihnen ein lieber Mensch ins Jenseits vorausgegangen ist, werden Sie seine Anwesenheit nach seinem Tod sicher auch ohne Zeichen und Gesänge verspürt haben. Verstorbene statten ihren früheren Wirkungsstätten gern Besuche ab, was auf dem Land noch heute viel selbstverständlicher hingenommen wird als in der »aufgeklärten« Stadt, wo die Stippvisite meist gar nicht wahrgenommen wird. Natürlich kommt es auch vor, dass sich die geliebte Mutter von der tief trauernden Familie nicht zu trennen vermag und dadurch zum unsichtbaren »Familiensatelliten« wird oder dass verstorbene Kinder durch den Kummer der Eltern nicht losgelassen werden. Doch diese ehemaligen Erdenbürger sind, bis auf wenige Ausnahmen, keine Treiber und Hetzer, sondern einfach nur teilnehmende Anwesende.

Wir werden im Kapitel »Das letzte Loslassen« noch genauer auf diese Zusammenhänge eingehen und entsprechende »Umgangsformen« behandeln. Ich wollte nur eventuell auftauchenden Fragen und Unsicherheiten vorbeugen, die in Verbindung mit unserem eigentlichen Kapitelthema auch in meinen Vorträgen immer wieder genau an dieser Stelle zur Sprache gekommen sind und geklärt werden mussten, damit das eine nicht mit dem anderen verwechselt wird.

Treiber sind keine liebevoll anhänglichen Seelen, deren Anwesenheit in unserer Nähe weder schädlich noch Schicksal beeinflussend ist, sondern Repräsentanten unserer Schattenseiten, die sie nicht nur herausfordern, sondern im schlimmsten Fall noch mehr verdunkeln. Das ewige Hin und Her, von dem im ersten Kapitel die Rede war, ist der Widerhall der seelischen Kampfhandlungen zwischen den Treibern und dem besseren Wissen unseres Höheren Ichs. Dazwischen stehen Sie, der auf Erden geborene Mensch, der aufgefordert ist, sich mit seinem freien Willen für oder gegen die jeweiligen Angebote zu entscheiden.

Die Angebote sind klar. Sie beziehen sich auf die drei bekannten Bereiche: Besitz, Macht/Ruhm und Sex. Sämtliche Schwachpunkte des menschlichen Verhaltens können in diesen drei mit Seerosen überwucherten Sumpfgebieten aufgefunden werden. Ich hoffe, Herr Goeudevert gestattet mir die Ideenanleihe. Der äußerlich so hübsche Seerosenteich ist, wenn man die bezaubernde Blütendecke wegschiebt und einen Blick in die Tiefe wirft, das reinste Fallenkonstrukt, in dem man sich als Schwimmer so verfangen kann, dass man nur mit Mühe wieder ins freie Wasser findet.

Wenn ich *weiß*, dass in dem Gebiet, welches ich durchschwimmen *muss*, solche Gefahren lauern, habe ich zunächst zwei von grundsätzlich drei Möglichkeiten. Entweder ich mache mich kundig, *wo* sich die Gefahrenstellen befinden und schwimme in angemessener Entfernung herum, oder ich nehme ein Buschmesser mit und mache mich auf einen längeren Aufenthalt im Teich gefasst mit dem Ziel: Ausrottung der Widerstände.

Einige meiner Zuhörer aus der listigen Ecke hatten noch andere Lösungen parat: Die einen fanden ein Boot oder Floß hilfreich, während die noch Listigeren beschlossen, den Teich nur vom Ufer aus zu bewundern und sich wie der Maler Monet an der Farbenpracht zu erfreuen. Sie hatten überhört, dass der Teich als Symbol für unser Leben zu verstehen ist und dass man nicht im Leben (Teich) stehen und gleichzeitig (trockenen Fußes) ungeprüft bleiben kann. Es gibt kein Boot, das uns die Überquerung möglich macht, und auch das Umschwimmen der Gefahrenzonen erweist sich als müßiges Unterfangen, weil das andere Ufer ausschließlich durch die Seerosenbank zu erreichen ist. Bleiben also nur das Buschmesser und die Erfahrung des gut trainierten Schwimmers.

Übersetzt würde das Gleichnis bedeuten, dass dem oder den Treibern ein klares *Nein!* entgegengesetzt wird, oder dass man sich im Umgang mit ihnen so clever und unberechenbar zeigt, dass sie die Lust am Objekt verlieren. Die letztgenannte Methode ist die bei Weitem angenehmere, hat aber leider den Haken, dass sie nur von den »Schwimmern« beherrscht wird, die mit dem Buschmesser, also dem scharfen *Nein!* umzugehen gelernt haben. Ach, es klingt ja so einfach! Treiber kommt, ich sage *Nein!* – und die Sache ist erledigt. Goethe hätte seinen Faust *nie* schreiben können, wenn es so einfach wäre.

Der Treiber ist eloquent, erzeugt die wunderbarsten Fantasiebilder, lässt über diesen Bilderreigen den Hormonspiegel zu Nanga-Parbat-Höhen anwachsen, und die von Charlotte Roche so trefflich geschilderten »Feuchtgebiete« bekommen ungeahnte Dimensionen. Und plötzlich ist das Buschmesser ein

Gummischwert aus der Kiste mit den Faschingsartikeln, und die Seerosen sind im Abendlicht von so betörender Schönheit, dass man bereit ist, sein Leben für sie hinzugeben, während im Hinterkopf das Treiberstimmchen zum Sirenengesang mutiert: »Ach, nur einmal, ein einziges letztes Mal, versinken, ertrinken, unbewusst … höchste Lust!« Tristan und Isolde lassen, betört vom Liebestrank, grüßen!

Heutzutage bedarf es keines Liebestranks mehr, denn die freizügigen Bilder in den Medien und die allgemein üblichen Schamlosigkeiten bieten Reiz genug, um die Hemmschwelle auch ohne Chemikalien nach unten zu drücken. In der Schweiz wird soeben das Mini-Kondom für »Jugendliche«, »Hotshot« genannt, propagiert, damit unseren Dreizehnjährigen auch geholfen ist und »Malheuren« wie Aids, Geschlechtskrankheiten und Schwangerschaft »rechtzeitig« vorgebeugt wird.

Ich möchte Ihnen gern ein bisschen mehr »Gefühl« für das Wort »vorbeugen« vermitteln. Immer wenn ein Begriff mit »beugen« zu tun hat, wird etwas ursprünglich Größeres klein gemacht, also in eine eigentlich verbildete Position gedrückt. Sich neigen, sinken, ducken, unterwerfen, nachgeben – all diese Ausdrücke sind Verwandte der Beuge-Familie. Wir waren und sind groß im Beugen von Gesetzen, im Verneigen vor Kulturzwergen und im Ducken vor Tyrannen. Könnten wir wenigstens ein einziges Mal *nicht* nachgeben, uns nicht beugen und biegen, nur um etwas zu ermöglichen, was in diesem Alter absolut unangebracht ist? So, wie das Kleinkind nach Zucker schrie, verlangt der Heranwachsende jetzt nach Sex, und keiner wagt es, aufzustehen und zu sagen: »Moment mal! Dafür ist es noch zu früh!«

Nur weil einem gerade die ersten Zähne wachsen, muss man doch nicht gleich Zuckerstangen zerbeißen! Wie klingt für Sie: Ruhe geben, in Ruhe reifen lassen, sich beherrschen, sich selber kennenlernen, disziplinieren? Hört sich das alles nicht an, wie von einem rückständigen Hinterwäldler gepredigt, an dem der »Fortschritt« unbemerkt vorbeigegangen ist? Es geht mir nicht darum, engstirnige Limits zu setzen, wohl aber um die grundsätzliche Notwendigkeit, den Kindern und Jugendlichen die Zeit zu geben, die sie brauchen, um mit der am meisten kommentierten Kraft des Menschseins, der Sexualkraft, in angemessener Weise umgehen zu lernen. Und dazu gehört vor allem Beherrschung. Wer sie auf diesem Gebiet nie anzuwenden gelernt hat, wird auf anderen Gebieten ebenso haltlos ausgeliefert sein, denn Selbstkontrolle bezieht sich vor allem auf den Bereich, den wir als »das Sexuelle des Menschen« bezeichnen.

Das »Sexuelle« wird allgemein gern als Quelle der Vitalkraft des gesamten Menschen, seines Denkens, Fühlens, Schaffens und seiner Entwicklung angesehen. Doch in Wahrheit ist die Sexualkraft nur eine von vielen Ausdrucksmöglichkeiten der Vitalkraft, also der Lebensenergie. Die Schöpferkraft des Menschen zeigt sich immer dort als mächtigstes Agens, wo sie konzentriert hingelenkt wird. Wer als Kind oder Jugendlicher seine Gedankenbilder unentwegt mit sexuellen Fantasievorstellungen beliefert und seine Gefühlskräfte nur mehr auf das konzentriert, was man heute so elegant als »geil werden« bezeichnet, dem wird die Möglichkeit genommen, seine Vitalkräfte bewusst und willentlich auf andere Gebiete zu lenken und so unter Kontrolle zu bekommen. Außerdem gewinnt intimer Verkehr mit einem anderen Menschen einen völlig anderen Stellenwert und eine andere Bedeutung im persönlichen ethischen Empfinden, wenn er in Stimmigkeit mit einem ausgereiften Körper, einer im besten Sinne erwachsenen Seele und einem mündigen Geist vollzogen wird.

Denkt eigentlich noch irgendjemand daran, dass die intime Vereinigung auch ein heiliger und großer Vorgang ist, der in den Körpern unauslöschliche Spuren hinterlässt? Und gibt es noch jemanden, der den Kindern bewusst macht, was »geil werden« bedeutet? Es heißt ursprünglich nichts anderes als »in Gärung befindlich« und »aufschäumend« zu sein, also eigentlich in einem Zustand, in dem man besser ein bisschen abwarten und abkühlen, also »entschäumen« sollte. Dieser Zustand entspricht auch dem berühmten »hormonellen Irresein«, das so oft mit »Liebe« verwechselt wird und doch nur den Reiz durch die Nähe eines anderen und die Gier nach Lustbefriedigung meint.

Ihnen, die Sie dieses Buch lesen, soll keineswegs eingeredet werden, dass die Sexualität »losgelassen« werden muss. Im Gegenteil, es geht darum, sie in den Griff zu bekommen, damit Sie Abstand gewinnen können von den Hindernissen, die Sie davon abhalten, eine wirkliche und erfüllte Seelenpartnerschaft zu erlangen und zu behalten. Sie glauben gar nicht, wie viele konsequente Neins dafür notwendig sind, denn den Treibern, die sich auf das Partizipieren an Sexualkräften spezialisiert haben, ist es völlig egal, bei wem Sie »geil« werden und mit wem Sie Ihre Sexualität ausleben. Hauptsache es entsteht die »am meisten aufschäumende« Variante auf der sexuellen Gefühlsskala: die Wollust. Dieses Empfinden, das von zärtlicher Hingabe und liebevoller, leidenschaftlicher Sinnlichkeit so weit entfernt ist wie der Mars von der Venus, ist ein Leckerbissen für Treiber. Durch nichts erhalten sie mehr »Treibstoff«.

Erinnern Sie sich noch an die Funktionen des Stoffwechsels: Aufnahme, Transport, Umwandlung, Ausscheidung? Und haben Sie auch behalten, dass der Virus nicht über diese Funktionen verfügt, weil er keinen Zellkern hat und deswegen einen Wirt sucht, über den er sich bedient, um sich vermehren und erhalten zu können? Wenn Sie sich jetzt noch zusätzlich das

Bild eines eiskalten Drogendealers vor Augen führen, dem es völlig egal ist, ob die »Ware« sauber oder mit Chemikalien, also Dreck versetzt ist, und der an jeden verkauft, der bezahlen kann, dann können Sie ein perfektes Gefühl für unsere Seelenschmarotzer entwickeln.

Damit wissen Sie alles, was über Treiber gesagt werden muss, außer dass diese keinen Seelenkörper besitzen, der Licht aufnehmen kann. Deswegen wird ein Wirt gesucht, der einen mit Licht begabten Körper hat, von dem dann Vitalkraft abgesaugt, für die eigenen Bedürfnisse verwendet und bei Bedarf an andere Treiber weitergegeben wird. Das Ziel ist, wie gesagt, Sicherung und Erhaltung der Spezies. Genau der gleiche Vorgang spielt sich ab, wenn Sie von Neid ergriffen werden und sich von Habgier, Eitelkeit, Machtgelüsten, Ruhmsucht, Zorn und Hass hinreißen lassen. Immer dann senden Sie Signale aus, die den Seelenparasiten anzeigen, dass »angerichtet« ist. Und was noch weniger erfreulich ist: In 70 bis 80 Prozent aller Fälle hängen sich die obligaten Treiber konstant an jene Menschen an, welche diese negativen Veranlagungen als ausgeprägtes Charaktermerkmal vorzuweisen haben, und beginnen beim geringsten Anreiz und Aufkeimen der Disposition mit dem, was ich als »Hetzen« bezeichnet habe. Sie bewirken durch ihre bloße Existenz einen Effekt, der mit dem Aufblasen eines Luftballons vergleichbar ist. Das Unglaubliche daran ist, dass man den Vorgang über EEG und Blutdruckmessung verfolgen kann, und zwar sein Ansteigen – und sein sofortiges Vermindern und Enden, wenn der Betroffene gelernt hat, das *Nein!* bewusst einzusetzen.

Dieses *Nein!* gehört zu den höchsten Formen des Loslassens, zu der ein Mensch fähig ist, nämlich die bewusste Konfrontation und Zurückweisung jener Mächte, durch die er in das irdische Sein gezwungen wurde, und die bewusste Ablehnung der Meister des Todes. Diese Dunkelwesen sind nämlich die Erfinder des Absterbens von Materie und des Verkümmerns von Seele und Geist. Sie lassen ihre Anhänger, die Wirte also, verdorren, austrocknen und im wahrsten Sinn des Wortes verhungern. Kein Stirb und Werde, sondern ein langsames Erlöschen ohne Heimgang und ohne Vollendung.

Es kann kein Zufall sein, dass sich, während dieses Buch geschrieben wurde, viele kirchliche Würdenträger den peinlichsten Befragungen unterziehen mussten. Der allseits bekannte Grund: sexueller Missbrauch von Kindern und Jugendlichen. Erwarten Sie bitte von mir keine Schmähworte über die Täter, denn die sind größtenteils auch nur Opfer, die mit ihrem eigenen Missbrauch nie umzugehen gelernt haben und ihn nun an Untergebene und Schwächere weiterreichen. Der Missbrauchshelfer ist der Zölibatszwang, eine völlig widernatürliche Erfindung, die weder in den Zehn Geboten noch in den Anweisungen Jesu Christi mit auch nur einem Wort empfohlen, geschweige denn gefordert wurde.

Vor Tausenden von Jahren, als die Einweihung noch ein bewusst vollzogenes Ritual für (freiwillig) streng erzogene Adepten war, welche die Priesterschaft erlangen wollten, gab es folgende Grundregeln: Niemand konnte *vor* dem Alter, dem das heutige 49. Lebensjahr entspricht, Priester werden, und das wurde schon als ungewöhnlich früh angesehen. Bis dahin war man Lehrer, Seelsorger oder Pfarrer, lebte mit Familie, zeugte Kinder und erfuhr sich selbst als ganz normaler Mensch. *Dann erst* entschied man sich, ob man *Priester* werden wollte, ein Entschluss, der aber erst von der bereits bestehenden Priesterschaft bestätigt werden musste. Hierauf erfolgte, zusätzlich zu der bis dahin absolvierten Ausbildung, die *spezielle Schulung* des Anwärters. Wenn diese durchlaufen war, hatte der werdende Priester gelernt, mit *allen* Kräften seiner Physis, seines Seelenkörpers und seines Geistes vollendet umzugehen. Anschließend musste er seine diesbezügliche Reife mit Unantastbarkeit zu immer schwereren Prüfungsbedingungen unter Beweis stellen. Es gab *keine* zweite Prüfungschance. Wer scheiterte, war des Amtes nicht würdig.

Warum durfte man erst in so fortgeschrittenem Alter Priester werden? Weil man erst in diesem Alter die im vorangegangenen Kapitel beschriebene wahrnehmende Denkfähigkeit zur vollen Entfaltung gebracht hatte und daher ein Wissen in sich trug, das keinen Zweifel darüber ließ, dass Sexualkräfte keinesfalls unterdrückt und durch Anweisungen geregelt zu sein haben, sondern dass der Umgang mit ihnen erlernt und erprobt werden muss. Ab dem 42. Lebensjahr ziehen sich die Lebenskräfte fühlbar zurück, was man am allmählichen Nachlassen *sämtlicher* physischer Fähigkeiten nachvollziehen kann, während sich parallel dazu das spirituelle und geistige Vermögen steigert, zu dem auch Lebensweisheit und die Erkenntnis des Göttlichen gehört.

Dieses Vermögen, das durchaus nicht bei jedem Menschen jenseits des 50. Lebensjahres die größtmögliche Qualität der nächsten Entwicklungsstufe zeigt, ist Voraussetzung für eine Qualifikation als Priester. Das Priesteramt war damals, was es auch heute noch sein sollte, ein unablässiger Gottesdienst zum Wohle der Menschheit. Der Priester war *immer* Priester und wäre gar nicht auf andere Gedanken gekommen, denn die Prüfung, die er durchlaufen hatte, war auch ein Reinigungsvorgang, bei dem die Sexualkräfte so transformiert wurden, dass sie sich in Heilkräfte verwandelten. Das alles wusste der Adept *vorher*, und er hatte lange genug Zeit zu prüfen, ob er auch alle Fähigkeiten besaß, um sich des höchsten Amtes *würdig* zu erweisen.

Was wir momentan erleben, darf in kein kollektives Entlarven von »schwarzen Schafen« ausarten, sondern muss als Hilfeschrei erkannt werden. Es zeigt aber auch, dass das Maß voll ist, und muss endlich, viel zu spät, zur Korrektur des größten Missverständnisses der katholischen Kirche führen: zur Abschaffung des generellen Zölibats, *aber* auch zur Einführung eines völlig neuen Priestertums. Hier ist der Papst aufgerufen, endlich loszulassen, und zwar nicht primär das Gesetz des Zölibats, sondern vor allem den eigenen Irrtum, verbunden mit dem längst überfälligen Eingeständnis, dass es für menschliche Wesen, solange sie auf dieser Erde leben, keine Unfehlbarkeit gibt. Wer sich diese Eigenschaft anmaßt, will sich mit Gott auf eine Stufe stellen. Und was mit solchen Menschen geschieht, das entnehmen Sie bitte folgendem Märchen, das sich immer wieder zu lesen lohnt.

Der Fischer und seine Frau

Es war einmal ein Fischer, der wohnte mit seiner Frau zusammen in einer alten Bruchbude direkt am Meer, und der Fischer ging alle Tage hinaus auf Fischfang. Eines Tages wurde die Angel ganz schwer und es hing ein großer Butt daran. Der fing plötzlich an zu sprechen und sagte: »Höre zu, Fischer, ich bitte dich, lass mich leben, ich bin kein richtiger Butt, sondern ein verwunschener Prinz. Wenn du mich zurück ins Wasser wirfst, erfülle ich dir einen Wunsch.« Der Mann dachte an seine Frau und seine elende Fischerhütte und sagte, er wolle gern eine schöne kleine Hütte haben. »Geh nur hin«, sagte der Butt, »sie steht schon dort.« Da ging der Mann nach Hause und erzählte seiner erstaunten Frau die ganze Geschichte und sie war sehr zufrieden mit ihrer neuen Behausung.

Das ging acht oder vierzehn Tage gut. Dann sagte die Frau: »Hör mal, Mann, diese Hütte ist viel zu eng. Der Butt hätte uns ruhig ein größeres Haus schenken können. Ich möchte viel lieber in einem großen Schloss wohnen. Geh noch einmal zum Butt, er soll uns eines schenken.«

Der Mann wollte eigentlich nicht, aber er wollte auch keinen Streit mit seiner Frau. Also ging er ans Meer, rief nach dem Butt und richtete ihm den Wunsch aus. Als der Mann wieder nach Hause zurückkam, da stand seine Frau auf der Treppe vor einem Palast und sagte: »Na, ist das nun nicht besser?« »Ja, ja«, sagte der Mann, »und nun wollen wir auch damit zufrieden sein.«

Am andern Morgen wachte die Frau zuerst auf, und stieß ihren Mann mit dem Ellenbogen und sagte: »Los, Mann, steh auf und schau aus dem Fenster! Könnten wir nicht König werden über all das Land? Geh hin zum Butt und sag ihm, dass wir König sein wollen!«

Da war der Mann ganz bekümmert, dass seine Frau König werden wollte. Das ist nicht in Ordnung, dachte er, und wollte eigentlich gar nicht zum Meer gehen. Weil er aber keinen Streit mit seiner Frau haben wollte, stellte er sich hin und rief den Butt.

»Na, was will deine Frau denn jetzt?«, fragte der Butt.

»Ach«, sagte der Mann, »jetzt will sie plötzlich König werden.«

«Geh nur hin, sie ist es schon«, sagte der Butt.

Da ging der Mann hin, und als er zum Palast kam, da war der noch viel größer geworden und vor dem Tor standen Wachsoldaten und viele Leute mit Pauken und Trompeten. Und drinnen saß seine Frau auf einem hohen Goldthron und hatte eine große goldene Krone auf dem Kopf und das Zepter in der Hand. Da stellte er sich hin und sagte: »Ach, Frau, was bist du hübsch als König! Nun wollen wir aber auch zufrieden sein.«

Die Frau aber rutschte auf dem Thron hin und her: »Irgendwie fühle ich mich hier nicht wohl. Geh hin zum Butt, und sag ihm, dass ich jetzt Kaiser werden will.«

Dem Mann wurde das Herz noch schwerer als zuvor und er dachte bei sich: Das kann nicht gut gehen. Aber er ging trotzdem zum Meer und rief den Butt. »Na, was will sie denn jetzt schon wieder?«, fragte der Butt.

»Ach«, sagte der Mann, »jetzt will sie plötzlich Kaiser werden.«

»Geh nur hin«, sagte der Butt, »sie ist es schon.«

Da ging der Mann nach Hause und da war ein noch größeres Schloss voll mit kostbarem Marmor, mit Statuen und goldenem Stuck. Im Hause tummelten sich die Adeligen des Landes, und seine Frau saß auf einem goldenen Thron, der gut zwei Meter hoch war und trug eine riesengroße goldene Krone mit Diamanten und Edelsteinen. Da stand er völlig geblendet da und sagte: »Ach, Frau, wie gut du aussiehst als Kaiser! Nun wollen wir uns aber auch zufrieden geben.«

Aber die Frau rutschte schon wieder auf ihrem goldenen Thron hin und her und sagte dann: »Mann, geh hin zum Butt und sag ihm, dass ich jetzt Papst werden will!«

Und obwohl es der Mann mit der Angst zu tun bekam, stellte er sich ans Meeresufer und rief nach dem Butt.

»Na, was will sie denn jetzt schon wieder?«, fragte der Butt.

»Ach«, sagte der Mann, »jetzt will sie auch noch Papst werden.«

»Geh nur hin, sie ist es schon«, sagte der Butt.

Als der Mann nach Hause kam, war da eine riesige Kathedrale und er musste sich durch das Volk in das Innere der Kirche vorarbeiten. Seine Frau saß, in goldbestickte Gewänder gekleidet, auf einem noch viel höheren Thron als zuvor und hatte drei goldene Kronen auf ihrem Kopf, und rings um sie herum standen unzählige geistliche Würdenträger und alle lagen vor ihr auf den Knien und küssten ihr die Pantoffel.

»Frau«, sagte der Mann, »bist du nun mit dem zufrieden, was du bist?«

»Ja«, sagte sie, »jetzt bin ich Papst.«

Da dachte er, dass nun Ruhe sei, aber die Gier ließ seine Frau nicht schlafen, denn sie dachte immer, was sie noch mehr werden könnte. Und als der Morgen kam, stieß sie ihren Mann mit dem Ellenbogen in die Rippen und rief: »Wach auf, geh hin zum Butt und sag, dass ich werden will wie der liebe Gott.«

Der Mann glaubte, er hätte sich verhört, aber die Frau sagte: »Ich habe keine ruhige Stunde mehr, bis ich die Sonne nicht selber aufgehen lassen kann.« Und dabei sah sie so grausig aus, dass ihn ein Schauder überlief und er wie ein Irrer losrannte. Der Himmel über dem Meer war pechschwarz, es donnerte und blitzte und die Wellen waren haushoch und trugen weiße Schaumkronen. Da schrie er, so laut er konnte, nach dem Butt.

»Na, was will sie denn jetzt noch?«, fragte der Butt. »Ach«, sagte der Mann, »jetzt will sie auch noch wie der liebe Gott werden.«

»Geh nur nach Hause«, sagte da der Butt. »Sie sitzt schon wieder in ihrer alten Bruchbude.«

Und da saßen nun der Fischer und seine Frau wie eh und je und wenn sie nicht gestorben sind, dann sitzen sie auch heute noch da.

Wenn es ein Märchen gibt, in dem der Satz »Und wenn sie nicht gestorben sind, dann leben sie noch heute« absolut zutrifft, dann ist es eben dieses. Denn das Treiben dieses Paares ist ein seit Jahrhunderten zu offensichtliches und zu beliebtes Gesellschaftsspiel, um übersehen und als nettes Geschichtchen belächelt zu werden.

Und wenn ich an den Pranger gestellt werde, ich sage es trotzdem: Die typische Frau will sammeln, (sich) vermehren und besitzen und dafür abgesichert, bewundert, geliebt, verehrt und belohnt werden. Und der typische Mann will jagen, für die Beute bewundert und entlohnt werden und dann nach Hause kommen und seine Ruhe haben, nachdem er auch hier bewundert und entlohnt worden ist. Alles andere sind Notlösungen, die bei der ersten Gelegenheit mit Begeisterung gegen obige Betätigungs- und Darstellungsmöglichkeiten eingetauscht werden. Eine typische Frau *kann*, wie wir seit Eva wissen, bis auf das Kinderzeugen *alles* lernen und machen und erreichen, was sie will, aber sie hält auf Dauer nichts durch, was als typisch männlich bezeichnet werden kann. Ein typischer Mann ist, bis auf das Kinderkriegen, ebenfalls fähig alles zu tun, was eine Frau kann, hält aber bei typisch weiblichen Betätigungen auf Dauer ebenfalls nicht durch. Das dem Geschlecht Entsprechende wird *immer* die Hauptrolle spielen. Man nennt das: Das Brunhilde-und-Odysseus-Syndrom.

Nach vierzig Jahren Beratungsarbeit wage ich zu sagen, dass ich weiß, wovon ich spreche. Und deswegen sage ich jetzt, selbst unter Pranger- und Scheiterhaufenandrohung: Lassen Sie bitte alles los, was man Ihnen als Segnung der Gleichberechtigung aufgebürdet hat, und versuchen Sie das zu sein, was Sie *wirklich* sind, und das zu tun, was Sie *wirklich* möchten. Ich spreche vor allem von Verhaltensformen, von der Berufswahl, von Ihrer Rolle in der Familie und vom Umgang mit dem anderen Geschlecht. Wie sagte dereinst meine große Lehrerin Mira von Dietlein? »Katz' bleibt Katz' und Wolf bleibt Wolf, und damit basta!«

Alles ist heute möglich und auch erlaubt. Aber Glücklichsein – das ist etwas ganz anderes als das orientierungslose Herumschwimmen in einer trügerisch grenzenlosen Freiheit, in der alles »toll und geil« gefunden wird, wenn es nur gegen die »alten und überholten Moralvorstellungen« geht. Jeder kann machen, was er will? Ja, gern, und hoffentlich auf eine Weise, für die nicht die anderen zu bezahlen haben und unter der sie nicht leiden müssen. Ist Ihnen eigentlich klar, mit welchen Wahnsinnssummen die Allgemeinheit allmonatlich für das Freiheitsbedürfnis und die Freiheitsansprüche ihrer lieben Mitglieder geradestehen muss? Und wie viele persönliche Experimente, die als »Selbstfindungsnotwendigkeit« oder »kleiner Umweg« oder »Ausrutscher« dargestellt werden, das Sozialbudget, die Krankenkassen und die Ausbildungsfördergelder plündern? Ich schreibe diese, wie ich weiß, unpopulären Äußerungen nur deswegen nieder, damit mir in dreißig Jahren, wenn das Pendel schon längst wieder viel zu krass nach der anderen Seite ausgeschlagen haben wird, niemand vorwerfen kann, ich hätte zu allem Ja und Amen gesagt. Zum Loslassen gehört es auch, laut *Nein!* zu sagen, wenn alle anderen *Ja!* schreien und das eigene Herz *weiß*, dass es falsch ist mitzumachen.

Erinnern Sie sich noch daran, dass Sie einmalig und erstklassig sein wollten und daran glaubten, etwas ganz Besonderes vollbringen zu können? Egal, wie jung oder wie alt Sie sind: Sie können noch immer genug vollbringen, wenn Sie alles aus Ihrem Leben hinausschaffen, was wie Blei an Ihnen hängt und Sie am Weiterkommen hindert. Fangen Sie heute an, sich selbst zu beobachten, und zwar nicht ein bisschen, sondern konsequent und gemessen an den höchsten Maximen.

> Ich lebe mein Leben in wachsenden Ringen,
> die sich über die Dinge ziehn.
> Ich werde den letzten vielleicht nicht vollbringen,
> aber versuchen will ich ihn.

In diesen schönen Zeilen von Rilke ist, wie sonst nirgendwo, das Ringen um ein edles Menschsein mit wenigen Worten erfasst. Versuchen, nicht aufgeben, dran bleiben – das ist es, was so wichtig ist und die Seele stark macht. Vielleicht scheitern wir, vielleicht sind unsere Treiber stärker als unser Entschluss sie loszulassen. Doch in diesem Falle würde ich empfehlen, die Polaritäten dieser Welt so zu verstehen, dass Sie bei einer angenommenen Chance von 50 Prozent genauso viel Glück und Erfolg haben können wie das Gegenteil. Dann ist es nur mehr eine Frage Ihrer Entschlusskraft, ob Sie sich lieber aus dem einen oder aus dem anderen Topf bedienen wollen.

Gedankenkontrolle

Was ist, Ihrer Meinung nach, Ihr größter Fehler, Ihre deutlichste Schwachstelle? Nein, Himmel, es ist *nicht* Ihre Schlampigkeit oder Ihr Hang, die Unwahrheit zu sagen, oder Ihre Unbeherrschtheit, oder, oder. Es sind die Gedanken, von denen Sie sich gängeln lassen wie ein unselbstständiger Dienstbote. Hören Sie auf, an sich herumzumeckern, weil Sie glauben, Sie seien zu dick, zu dünn, zu faul, zu wenig durchsetzungsfähig und erfolglos, zu ungebildet, zu leichtgläubig und was es an negativen Attributen sonst noch geben mag.

Fangen Sie dagegen an, konsequent in sich hineinzuhören. Und wenn Ihnen das anfänglich zu schwer vorkommt, dann achten Sie auf das, was Sie reden, denn das, was Sie sich selbst sagen hören, ist das Ergebnis Ihrer Gedanken. Und wenn ein Satz nicht *genau* so aus Ihrem Munde gekommen ist, wie Sie es wollten, dann korrigieren Sie sich, *indem Sie ihn noch einmal sagen* und diesmal mit den Worten, die *Sie* wirklich meinten. Wenn Sie dieses Üben durchhalten, wird es *keine* drei Tage dauern, und Sie werden keine Korrektur mehr nötig haben! Und – Sie werden anfangen, Ihre Gedanken zu hören, *bevor* Sie sie aussprechen. Damit ist die Bahn frei für die generelle Gedankenkontrolle.

Die Treiber werden nicht erfreut sein, das kann ich Ihnen sagen! Denn das Letzte, was diese Spezies will, ist ein kontrollierender Wirt. Sie werden diesen Unwillen zu spüren bekommen, und zwar in Form von Ungeduld, Gereiztheit, Depression und einem Gefühl absoluter Sinnlosigkeit in Bezug auf Ihre Säuberungsaktion. Wenn diese Gefühle einsetzen, wissen Sie, dass Ihr Experiment auf dem besten Weg ist, erfolgreich zu sein. Ich könnte jetzt, wie ich es auch oft selbst zu hören bekommen habe, sagen: Lassen Sie die Gefühle los! Diese Anweisung wäre ebenso sinnlos, wie einem Ängstlichen zu raten, doch ohne Furcht zu sein.

> Wenn die oben beschriebenen Gefühle und Stimmungen auftauchen, unterbrechen Sie bitte *sofort* die Tätigkeit, mit der Sie gerade beschäftigt sind, und nehmen sich fünf Minuten Auszeit, in der Sie das Gefühl, egal, ob es Zorn, Traurigkeit oder sonst eines ist, wie ein Geschöpf behandeln, das zu Ihnen zu Besuch gekommen ist. Betrachten Sie es. Betrachten Sie sich. Ziehen Sie keine Schlussfolgerungen! Betrachten Sie das Gefühl, sonst nichts. Lassen Sie es nicht los und nehmen Sie es auch nicht an, sondern versuchen Sie es zu beobachten – ganz bewusst und sehr intensiv. Fünf Minuten – nicht länger. Dann fahren Sie mit der zuvor unterbrochenen Tätigkeit fort.

Ist es Ihnen aufgefallen? Wir haben gerade versucht, eine Anleihe bei unseren »Demotionals«, den Psychopathen zu machen. Denn was die können, dazu müssten wir, die wir doch im Vollbesitz menschlicher Gefühle sind, schon längst imstande sein. Wenn also wieder der Zorn kommt, die Depression, die Gier, versuchen Sie einfach, in die Rolle des kühlen Zuschauers, des Beobachters überzuwechseln und genau diese

Gefühle darzustellen, wodurch Sie in gewisser Weise eine Verdoppelung herstellen. Was das für einen Sinn hat?

Haben Sie das als Kind erlebt? Sie beschweren sich im berühmten Jammerheul-Ton bei Ihrer Mutter über Ihren Bruder (Ihre Schwester, den Nachbarsjungen, den Lehrer ...) und irgendjemand kopiert Sie im selben Moment, macht also genau das nach, was Sie da eben machen: jammern, heulen, kreischen und schluchzen. *Jedem* ist das passiert! Versuchen Sie sich zu erinnern, wie Sie sich gefühlt haben!

Entweder Sie wurden furchtbar wütend oder Sie mussten lachen. War es nicht so? Oder gehörten Sie zu denjenigen, die sofort verstummten und sich tieftraurig abwandten? Oh – oh – oh! Dann waren Sie schon damals ein begabter Darsteller! Denn diese Reaktion ist übergangslos, also kontrolliert und beschlossen. Das Lachen und der Wutanfall dagegen sind normale, weil unkontrollierte Reflexe, die ohne Selbstbeobachtung erfolgten.

Wie auch immer – durch diejenigen, die Sie kopiert haben, fühlten Sie sich veranlasst, Ihr »Programm« zu ändern. Und genau in diese Kerbe wollen wir jetzt schlagen. Niemand und nichts auf dieser Welt möchte bloßgestellt oder entlarvt werden. Das hat schon bei Oscar Wildes *Gespenst von Canterville* funktioniert, denn als es unentwegt infrage gestellt und lächerlich gemacht wird, bleibt ihm gar nichts anderes mehr übrig, als sich erlösen zu lassen. Es muss seine Rolle als Spukgestalt und gleichzeitig seine Vorstellungen aufgeben, wie es sich als solche zu benehmen hat, und erfährt dafür die Befreiung aus einem Darstellungsprogramm, das nicht nur längst überflüssig, sondern auch schon peinlich geworden ist. Was ist bei Ihnen längst überflüssig und entbehrlich geworden, ohne dass Sie die längst fällige Entsorgung vorgenommen haben? Vielleicht, weil dieses Überflüssige zu Ihrer Persönlichkeit gehört?

Ihre Persönlichkeit ist die Maske, die Sie vor Ihrem eigentlichen Wesen, Ihrem Charakter tragen, weil Sie wissen (glauben), dass Sie mit dieser Darstellung (Verhaltensform) am besten durchs Leben kommen. Wie Sie sehen, ist der ach so tiefe Graben zwischen dem »normalen Menschen« und dem ach so bedrohlichen Psychopathen ein eher schmaler Pfad, auf dem die Seiten ziemlich unauffällig nach Bedarf und Laune gewechselt werden können.

Irgendwann zwischen dem 14. und 20. Lebensjahr werden wir aus der Erziehung entlassen oder entkommen ihr. Ab diesem Zeitpunkt muss die Selbstbeobachtung anfangen, die aber wiederum nur aufgenommen werden kann, wenn »Mensch« eine Ahnung davon hat, was Erziehung eigentlich ist. Sie ist viel mehr als nur die Vorarbeit für ein späteres zur Schau gestelltes Wohlverhalten und sollte die Grundlage einer lebenslangen Selbstbeobachtung und Korrektur sein. Wenn Sie sich selbst nicht gefallen, dann tun Sie doch etwas, was genau das Gegenteil von Loslassen ist: Suchen Sie sich jemanden, der Sie beeindruckt, und folgen Sie ihm nach, und zwar geistig. Erlesenes Gedankengut, konsequent konsumiert, wird nicht nur Ihre Gesichtszüge verschönern, sondern auch die Positionen Ihrer seelischen Kammerdiener verändern. Kein Parasit verträgt auf Dauer solche geistigen Entschlackungskuren.

Was aber meine ich, wenn ich »erlesenes Gedankengut« sage? Es wird mir niemand widersprechen, wenn ich Platos *Gastmahl* als solches bezeichne oder Goethes *Faust* oder das *Stundenbuch* von Rilke. Schön, wenn Sie sich das alles erlesen! Aber es geht auch weniger anspruchsvoll und, wenn Sie diese Art von Lektüre einfach nicht gewohnt sind, auch zeitgemäßer.

- Suchen Sie sich eine Buchhandlung oder Bücherei aus, die Sie vom Äußeren her anspricht, und bitten Sie um Hilfe.

Erklären Sie einfach, dass Sie nach bemerkenswerter Literatur suchen.
- Und suchen Sie sich lesende Freunde, von denen Sie sich Empfehlungen holen können.
- Und wenn Sie Filme lieben, dann ab sofort nur mehr Erstklassiges, sowohl im Kino als auch zu Hause.
- Und schmeißen Sie *alles* weg, was Ihrem neuen Anspruch nicht mehr genügt.
- Und, und …

Und übrigens: Sie *müssen* gar nichts. Alles, was ich sage und empfehle, ist nur ein Angebot. Es kann auch unglaublich veredeln, ein ungepflegtes Grab, einen Garten, ein Haus oder einen Schrank in Ordnung zu bringen. Und trotzdem wird der Effekt noch größer sein, wenn Sie sich, während Sie das alles tun, mit edlem Gedankengut beschäftigen. Oder singen. Oder erstklassige Musik hören.

Musik wirkt direkt auf Ihren Gefühlskörper und kann innerhalb von wenigen Minuten eine ganze Menge mit Ihnen anstellen.

- Sie fühlen sich nervös, konfus, überlastet? – Bach und Händel!
- Sie sind traurig, depressiv und ohne Antrieb? – Wiener Walzer und Märsche!
- Sie möchten veredelt werden? – Beethoven und Schubert!
- Sie möchten spirituelle Impulse? – Mozart!

Das sind wiederum nur Empfehlungen, allerdings hieb- und stichfeste, denn die genannten Komponisten werden Sie nie enttäuschen.

Und noch ein Hilfsmittel habe ich anzubieten: Finden Sie Ihr Lebensgedicht! Das erfordert Zeit, Sammlung, Ruhe und geistige Führung und vor allem die innere Entschlossenheit, es finden zu *wollen*. Fangen Sie jetzt ja nicht an, ein »schönes« Gedicht in dicken Balladenbänden zu suchen, sondern verlassen Sie sich lieber darauf, dass es zu Ihnen kommt, wenn Sie die *Qualität* bestimmt haben. *Ihr* Wesen muss eine Resonanz finden, eine Antwort erhalten, Ihre Seele muss berührt werden. Und das gilt nicht nur in Bezug auf Literatur, Musik und Kunst!

Die Antwort, die Sie erhalten, wird immer Ihrem innersten und höchsten Anspruch entsprechen. Allerdings kann dieses Signal durch Misswirtschaft so verfremdet und verhunzt worden sein, dass es nicht mehr wahrgenommen werden kann – von Ihnen nicht, aber auch nicht von allem, das Sie umgibt.

Damit Sie zwischendurch auch wieder etwas zu lachen haben: Auch Ihre Zahnpastatube reagiert auf Sie! Oder haben Sie noch nicht bemerkt, wie leicht oder wie schwer der Schraubverschluss manchmal zu betätigen ist?

Nein, Spaß beiseite: Es ist ernst und schön und schwer und trotzdem ganz selbstverständlich, sich selbst in seinem Inneren wiederzufinden, zu entdecken und neu zu gestalten. Eine Neugestaltung ist aber nur möglich, wenn Sie bereit sind, sich selbst eine neue Welt zu schaffen, und dazu gehört es, das alte »Gerümpel« zu entsorgen.

Und wenn scheinbar gar nichts mehr hilft: Wie wäre es mit einer Radikal-Reinigung? Zum Beispiel 24 Stunden oder, wenn Sie mutig genug sind, vier Tage allein im Wald ohne Essen, Handy, iPod und sonstigem Technik-Schnickschnack? Schlafsack, Regenplane und Wasserflasche erlaubt, unsichtbar begleitet zum Beispiel von Christian Kirchmair. Da bleibt so manches automatisch auf der Strecke und die Seele reinigt sich wie von selbst, weil man ihr die Möglichkeit dazu gibt.

Am Ende Ihres Lebens, über das wir noch intensiv sprechen werden, wird es Sie nicht interessieren, was andere über Sie sagen, sondern nur, ob Sie mit dem, was Sie Zeit Ihres Lebens zuwege gebracht haben, zufrieden sind und ob Sie sich der Art und Weise, wie Sie es erreicht haben, nicht schämen müssen. *Panta rhei*, der beliebte Ausspruch, der dem Philosophen Heraklit zugeschrieben wird, besagt, dass alles fließt und nichts bleibt, außer dem Bewusstsein desjenigen, der im Strom des Lebens steht. Wir können nie zweimal in denselben Fluss steigen, denn das Wasser fließt und bringt immer neue und andere Dinge mit sich, die wir herausfischen und zu unserem Eigentum machen wollen. Doch der Strom des Lebens verlangt alle Dinge zurück, die wir ihm entnommen haben, wenn wir ihn an unserem letzten Tag verlassen müssen. Bezeichnenderweise sind wir beim Verlassen des Lebensflusses so sehr mit uns selbst beschäftigt und mit dem neuen (alten) Boden, den wir dann betreten, dass wir unserer Hinterlassenschaft eher weniger Aufmerksamkeit schenken.

Der eine Mensch hinterlässt 2,3 Milliarden Dollar, ein anderer eine Hühnerfarm, und wieder ein anderer ein Gebiss im Glas und Pantoffeln unter dem Bett. Wer muss mehr loslassen? Sie denken, das muss der Milliardär sein! Doch wer weiß? Möglicherweise hat der schon vorher von der Last seines Besitzes genug gehabt und alles vererbt oder weitergegeben, und es war der Pantoffelheld, der um nichts in der Welt seine zerfledderten Treter ersetzt sehen wollte. Nicht wir besitzen, was wir haben, sondern das, was an uns hängt, besitzt uns.

»Nur was du abweist, kann dir wiederkommen«, sagt Grillparzer, und: »… in dem Abschied, vom Besitz genommen, erhältst du dir das einzig Deine: Dich!«

Ihr »Ich« ist Ihr Besitz, alles andere ist Dekoration. Vieles davon ist nötig, um dem Menschenkörper Schutz zu bieten, das Leben angenehmer zu machen und auch, um Signale zu setzen. Doch den großen alten Weisen auf dieser Welt war schon immer klar, dass sich um jeden Menschen zwei Arten von Wesen versammeln, die ihm ihre jeweilig eigene Anschauungsweise andienen. Die einen sagen: »Besitz hindert deine Seele daran, ins Himmelreich zu kommen.« (Eher geht ein Kamel durch ein Nadelöhr!) Die anderen tönen: »Du bist so viel, wie du hast!« Es wird Sie vielleicht beruhigen zu hören, dass diese Sätze zu unseren »Eliminaten« (lat. *eliminare* – »aus dem Haus, über die Schwelle treiben, entfernen«) gehören und für immer zu streichen sind. Gott interessiert es nämlich nicht, wie viel jemand hat, sondern nur, was damit angefangen wurde, also welche Seelenqualität ihm nach dem Erdenleben als *Summa vitae* angeboten wird. In der Geschichte gibt es viele Beispiele unvergesslich großer Menschen, die schon zu ihrer Zeit hoch verehrt wurden, obwohl sie nicht mehr als einen Fetzen am Leib hatten. Übrigens waren es durchaus nicht immer Heilige, die trotz ihrer Besitzlosigkeit als reich angesehen wurden.

Meine Hamburger Freunde stellten mich einmal einem Bettler vor, der von der hanseatischen Bevölkerung wie ein Maskottchen gehegt und gepflegt wurde, aber kein Zuhause haben wollte. Er saß immer am selben Platz, im Sommer wie im Winter, und um ihn herum sammelten sich die Gaben, vom Tabaksbeutelchen bis zum Heizofen. Er bezahlte mit Gesprächen, die leider niemand aufgezeichnet hat. Sie wären ein Bestseller geworden!

Ich habe mindesten vier Leute gekannt, die Unsummen im Lotto gewonnen haben und nach zwei Jahren keinen roten Heller mehr hatten. Und ich kenne mindestens 120 Leute, die rein gar nichts besaßen, aber durch Ideen, Fleiß und Glück dauerhaft wohlhabend wurden. Ich nehme an, dass die Realität diese Verhältnismäßigkeit bei Weitem übersteigt und aufzeigt, dass es eher möglich ist, durch eigenes Schaffen vermögend zu werden als durch Glücksfälle.

Und da, wie wir seit Langem wissen, durchaus nicht alle Menschen gleich sind, gebe ich jetzt und hier zu, dass ich auch sehr viele überaus ideenreiche und fleißige Leute kenne, die kein Bein auf den Boden kriegen, selbst wenn man sie unterstützt und ihnen auch sonst jede Möglichkeit bietet. Womit hängt es zusammen, dass ein hochbegabter Schauspieler in der Provinz hängenbleibt, während sein mehr als mittelmäßiger Kollege plötzlich zum Superstar wird? Wieso endet die Promotionsleuchte als ewige Assistenzärztin, während der Studienkollege, der seinen Abschluss nur mit Ach und Krach schaffte, plötzlich als Herr Professor dasteht? Wir haben es, neben allem, was ein Mensch an Talent, Fleiß, Charisma und Bildung zu bieten hat, immer noch mit Schicksal zu tun, und es ist erlaubt zu fragen, ob die persönlichen Fügungen reiner Zufall, Schickung, Bestimmung oder gar Verhängnis sind.

Da Sie längst über das Stadium der Ahnung hinausgewachsen sind und inzwischen wissen, dass die Wurzel allen Übels im »Behaltenwollen« verborgen ist, lohnt es sich nachzuforschen, wo denn nicht losgelassen wurde, wenn es bei offensichtlich fleißigen und anständigen Menschen einfach hakt. Die Antwort ist gar nicht so einfach, wenn man die Kinder beim Namen nennen will, ohne aus den Fettnäpfchen nicht mehr herauszukommen. Es gibt erstaunlich viele Hochbegabte, die sehr fleißig und kompetent sind, aber gleichzeitig menschlich einfach untragbar. Es gibt ebenso viele Fleißige und Anständige, die aber leider nicht die geringste Einteilung kennen und fachliche Katastrophen sind. Es gibt eine riesige Anzahl von *scheinbar* Fleißigen, die niemals wirkliche Ergebnisse vorweisen können, weil sie entweder stinkfaul, total antriebslos oder völlig inkompetent sind. Diese drei Typen sortieren sich praktisch selbst aus, was auch ein Geschick ist, wie wir wiederum dank Heraklit wissen, der sagte: »Der Charakter eines Menschen ist sein Schicksal.«

Um es in wenigen Worten zu sagen: Es gibt niemanden, der (wirklich) fleißig, anständig, kompetent und (wirklich) intelligent ist und *nie* ein Bein auf den Boden bekommt, also nie auch nur einen Hauch von Erfolg hat. Wer durchhängt, ist entweder doch nicht so qualifiziert, beliebt, führungsbegabt usw., wie er immer dachte – oder er/sie ist krank.

Das Thema Krankheit würde im Zusammenhang mit »Loslassen« ein eigenes oder sogar mehrere Bücher füllen, deswegen nur so viel:

- 80 Prozent aller Krankheiten werden von der Imagination der Krankheit erzeugt, während nur 20 Prozent sich als schicksalsmäßige Erkrankungen (Behinderungen, genetische Defekte usw.) erweisen, die auf normalem Weg nicht heilbar sind.
- Von den 80 Prozent ist die eine Hälfte, also 50 Prozent der durch Imagination erzeugten Krankheiten, ein Hilfeschrei, eine Waffe oder ein verkappter Selbstmordversuch. Die andere Hälfte ist Flucht, Selbstbestrafung und Hypochondrie.

Zurück zu den Durchhängern, die sich vielleicht an den berühmten drei Regeln für Zirkusartisten orientieren sollten:

- Wer im Zirkus nicht am Trapez arbeiten kann, muss am Boden bleiben, wo es ebenfalls wunderbare Möglichkeiten gibt, sich zu präsentieren.
- Wer am Trapez arbeiten will, muss *vorher* geklärt haben, ob er sich zum Springer oder zum Fänger eignet.
- Es gibt Leute, die in keine Manege der Welt passen, sondern lieber in der Verwaltung, an der Kasse, in der Kostüm-

abteilung, der Zirkusschule oder in der Tierpflege arbeiten sollten, also dort, wo sie gebraucht werden, und nicht dort, wo sie sich einbilden, unverzichtbar zu sein.

Es muss leider gesagt werden, dass wir in einer Zeit leben, in der extrem viele, vor allem junge Leute gewisse Einbildungen loslassen müssen, und zwar *bevor* sie sich bei Superstar, Supermodel, Big Brother & Co. lächerlich machen, demütigen und ausbeuten lassen. Und bevor die Gier nach Ruhm und Macht sie dazu bringt, ihre Seele zu verkaufen. Und hoffentlich, bevor der Teufel diejenigen holt, die sich als Werkzeuge zur Verfügung stellen und die zum Teil selber Eltern (!) sind.

Ja, ja, ich weiß: Wir können *alles* erreichen, wenn wir nur wollen!

Bitte, streichen! Das ist wieder so ein Eliminatus-Satz. Hätte ich Mathematikerin werden *wollen*, hätte ich das bis zum Sarg gewollt haben können, und es hätte trotzdem immer nur für (sehr!) mittelmäßige Algebrakenntnisse gereicht. Genauso wäre es mir als Tänzerin, Sekretärin, Laborantin, Betriebswirtschaftlerin usw. ergangen. Ich hätte Mathematik sehr, sehr gern wirklich *verstanden* (Gertrud, du musst nur wollen!), doch es *ging* einfach nicht! Dafür brauchte ich ein Notenblatt nur zu überfliegen und wusste Bescheid. Und für die »Glocke« brauchte ich einen Tag. (Nein, das ist keine Kunst. Jeder Schauspieler leistet mehr.) Um einen Kleiderstoff zuzuschneiden, brauchte ich kein Schnittmuster (ja, wirklich) und kein Maßband. Ich sah es einfach. Und ich konnte mich mit einem Thema eine halbe Stunde beschäftigen und nachher eine Stunde darüber reden. Sage mir ein Mensch nachträglich, warum ich etwas anderes hätte wollen sollen!?

Und ich wette, Ihnen ging es genauso, und ich hoffe nur, Sie sind so stur geblieben wie ich und haben von Ihrer Bestimmung *nicht* abgelassen. Ich hoffe aber auch, dass Ihre Familie nicht das tat, was ich auch nach vierzig Jahren Beratungsarbeit immer wieder mit Schrecken sehe, nämlich, dass eine ganz normale Fähigkeit zum Supertalent hochgejubelt wird und ein bisschen Geschicklichkeit zur genialen Begabung, nur weil Papa und Mama etwas nachzuholen haben, was sich nun über das Kind verwirklichen soll. Die übliche Kampfansage heißt: »Unsere Tochter/unser Sohn muss studieren!«

Loslassen, liebe Eltern! Dünkel überträgt sich, genauso wie Benehmen und Ideologien.

Und wenn Sie selbst Opfer einer solchen »Spätverwirklichung« sind, gibt es nur eines: Heraus aus dem Elternprogramm und hinein in den eigenen Plan. Ich habe in vierzig Jahren *niemanden* scheitern sehen, der *das* wirklich wollte! Mein »Vorzeigepferd« in dieser Beziehung war eine Münchner Dame, die mit 72 ½ Jahren promovierte und elf Jahre lang eine Privatpraxis als Psychologin führte. Sie war die älteste, aber durchaus nicht wagemutigste Umsattlerin. Ich habe Köche, Bauzeichner, Zimmermädchen und Bankangestellte zum Studium »verführt« und umgekehrt aus Akademikern glückliche Friseure und Gastronomen »gemacht« und aus einem (ich gebe zu, mein Liebling!) Schuhverkäufer *den* Bestattungsunternehmer seiner Stadt. Natürlich habe ich nichts »gemacht«, außer dass ich die Leute dazu brachte, selbst zu erkennen, was sie loslassen mussten, damit sie ergreifen konnten, was sie brauchten, um ihr Sein zu erfüllen. Hier stimmten einfach Strebung, Begabung und Imagination überein. Und zu diesem Trio gesellten sich Erkenntnis und Wille.

Vielleicht sollten wir kurz über den Begriff der Strebung sprechen, der nicht jedem geläufig sein dürfte. Tief in jeder Menschenseele, in jedem Bewusstsein ruht das Wissen um den Weg *und* das Ziel und die Sehnsucht, die wie ein Schmerz auftaucht, wenn das Entsprechende oder Ähnliche von dem, was wir eigentlich werden und sein sollen, vor uns erscheint. Dieses Gefühl nennt man Strebung. Jahrelang unterdrückte Strebung führt zu Aggression oder Depression. Und zu Krankheit.

Es ist nie zu spät!

Bitte streichen! Eliminatus!

Manchmal ist es zu spät, weil die Kraft nicht mehr ausreicht oder der Mut müde geworden ist und das Herz vor Kummer nicht mehr kann. Weiß Gott, ich kenne das …

Dann machen Sie sich, um nicht noch bekümmerter zu werden, bitte klar, dass dieses Leben nicht das letzte ist, das Sie durchlaufen, und dass sich alles, was Sie heute so gut tun, wie Sie nur können und mit so viel Achtsamkeit wie nur möglich – auch wenn es vielleicht nicht Ihr »Traum« ist – sich in Ihrer nächsten Existenz als Support, als Bonus und als Hilfe von außen zeigen wird.

Fühlen Sie in sich hinein und Sie werden wissen, dass dieser letzte Satz keine billige, esoterische Trostfloskel war, sondern von einem Gesetz erzählt und eine tiefe Wahrheit enthält.

Erst wenn man das begriffen hat, *dann* darf, nein, *muss* man sagen: *Es ist nie zu spät!*

6. KAPITEL

Von der Kunst des Bei-sich-und-beieinander-Bleibens

Eigentlich sträubt sich die Feder, darüber zu schreiben. Wie kann ich heute über eine Kunst sprechen, deren Handwerk nicht mehr gepflegt wird und deren Erlernung überflüssig erscheint? Momentan erlebe ich in meinem engsten Umfeld (zufällig?) die schlimmsten Beziehungsdramen meines Lebens, und zwar vorwiegend in Verbindungen, wo jeder sicher war, dass man für die Ewigkeit zusammen sein wird.

Es ist absolut auffällig, dass in all diesen Lebensgemeinschaften die bisherige Form der Rituale zerbricht, dass sich die Gefühle für einander verändern und dass die Strebungen nicht mehr koordiniert sind. Es ist durchaus nicht so, dass der/die berühmte unsichtbare »Dritte« aufgetaucht oder dass die allgemeine wirtschaftliche Veränderung der Anlass wäre. Da ist vielmehr etwas, das mich als Vermittler gegen die Wand laufen lässt: Die Partner spielen verrückt!

Es drängt sich das Gefühl auf, Menschen unter Einfluss vor sich zu haben, die nicht mehr diskussions- oder erkenntnisfähig sind, die anscheinend bar jedes Gefühls und jeder Logik handeln und dabei weder ein Ziel noch eine Perspektive vor

Augen haben. Die Leute, von denen ich spreche, sind alle nicht mehr als »junge Menschen« zu bezeichnen, das heißt, keiner ist unter 40, keiner über 65. Als Berater kenne ich die Zeichen der Midlife-Crisis, des Überdrusses, der Wechseljahre usw. seit vierzig Jahren.

Das, was sich heute zeigt, hat mit diesen Symptomen nichts zu tun, sondern begann sich vor ungefähr acht Jahren in der Form abzuzeichnen, die jetzt beinahe schon an der Tagesordnung ist. Ich stehe nicht allein mit meinem Eindruck, sondern höre von allen Seiten ähnliche Berichte, die mich anfangs glauben machten, wir hätten es mit etwas wie dem sogenannten Lemming-Syndrom zu tun.

Lemminge sind diese netten kleinen Wühler, denen die Sage anhaftet, dass sie bei Überpopulation kollektiv losrennen, um sich ins Meer zu stürzen und dort zu ertrinken. Tatsache ist, dass viele dieser Tiere auf der mühsamen Suche nach neuen Lebensräumen ihr Leben lassen, was wohl zur Sagenbildung geführt hat.

Auf die Frage, wie sich meine Menschen-Lemminge denn ihre Zukunft vorstellen, zeigt sich eine kollektive Ratlosigkeit, sogar Verzweiflung oder – völlige Gleichgültigkeit. Die Leute wirken zum Teil wie gelähmt oder wie aufgescheuchte Hühner. Es ergab sich wie von selbst, dass ich aufhörte zu vermitteln, sondern die Partner nur mehr beruhigte, denn mir wurde immer klarer, hier herrschte bei jedem Einzelnen eine riesige, unbeschreibbare Angst, die nichts mit Depressionen zu tun hatte, sondern eher mit der Art von Vorahnung zu vergleichen war, wie sie Tiere vor einem Erdbeben entwickeln. Bezeichnend ist auch, dass die Partner bei keinem der Paare, die mir bekannt sind, miteinander über diese innere Bedrückung sprechen konnten, weil sie einfach nicht in der Lage waren, das Gefühl einzuordnen und es sich bei jedem, je nach Schwachstelle, individuell äußerte. Der eine wurde noch jähzorniger, unkoordinierter und unkonzentrierter, als er es bisher gewesen war, während der andere plötzlich zur Jammergestalt mutierte, sich gehen ließ oder das eine oder andere Suchtverhalten entwickelte, das in dieser Form zuvor nicht aufgetreten war.

Wenn man die Partner dazu bringen konnte, sich gegenseitig zu trösten, drehte sich die Situation um 180 Grad. Die Schlüsselsätze waren *immer*:

a. Ich lasse dich doch nicht allein.
b. Wir kommen da doch gemeinsam durch.
c. Wir haben doch schon so viel gemeinsam geschafft.
d. Wir müssen uns einfach aufeinander verlassen und uns vertrauen.

»Lächerlich!«, werden Sie vielleicht sagen. »Das sind doch die abgedroschensten Lore-Roman-Phrasen der Welt! Das kann es doch nicht sein!«

Das dachte ich auch. Aber a, b und d sind die Grundpfeiler jeder guten Beziehung, egal, ob es sich um einen Freund, ein Familienmitglied, ein Kind oder einen Kollegen handelt. Satz c ist einfach ein zeitbedingtes Attribut zu a, b und d.

Bevor ich mich mit Ihnen über den unübersehbaren äußeren Wandel unterhalte, der sich momentan vollzieht und der niemanden unberührt lassen wird, soll das Miteinander/Füreinander zur Sprache kommen. Wir haben es bis zum Überdruss vernommen: Der Mensch ist ein Resonanzwesen, das ohne andere Menschen nicht leben kann.

Frage: Glauben Sie, dass wir es hier mit einem Eliminatus-Satz zu tun haben, oder nicht?

Wie wäre es mit folgendem Ersatzangebot: Der Mensch ist ein Resonanzwesen, das für die Gemeinschaft geboren ist. Im

Notfall ist er jedoch bestens ausgerüstet, um es auch als Einzelwesen auf dieser Erde schaffen zu können. Fazit: *Wenn es nötig ist, schaffe ich alles auch ganz allein!*

Bitte, bitte, versuchen Sie, diesen Satz in sich aufzunehmen wie das tägliche Brot. Trinken Sie ihn mit jedem Schluck Wasser, den Sie zu sich nehmen, und atmen Sie ihn mit jedem Atemzug ein. Denn wenn Ihr Bewusstsein diese Botschaft verstanden und »geschluckt« hat, sind Sie wirklich für *alles* gerüstet, was das Leben so mit sich bringt, und vor allem für das, was sich Beziehung nennt.

Beziehungen und ihre Darstellungsformen sind genauso Schicksal (also Charakterkonstruktion) wie Ihre Berufslaufbahn, Ihre Krankheiten und Ihre wirtschaftliche Situation. Natürlich gibt es kollektive Fügungen, die wie eine Epidemie alle in einem Strudel nach unten zu reißen drohen, aber selbst in solchen Situationen wurden immer diejenigen wieder nach oben gespült, welche die eben empfohlene Lösung in ihrem Denken und Fühlen, also in ihrem Charakter, eingespeichert hatten. *Ich bin fähig*, allein durchzukommen! Das heißt nicht: Ich muss mich jetzt und in aller Zukunft in bitterer Einsamkeit und mutterseelenallein durchschlagen. Aber, wenn es drauf ankommt, *kann* ich es!

Die unschätzbare Waffe der inneren Selbstsicherheit ist durchaus im kollektiven Volksempfinden verankert (Denken Sie an Obamas siegreichen Wahlkampfspruch: »Yes, we can!«), denn nicht umsonst heißt es: »Die Götter sind mit den Mutigen« und »Hilf dir selbst, dann hilft dir Gott« oder, ohne höhere Macht: »Wenn jeder sich selbst hilft, ist *allen* geholfen.«

Der letzte Satz ist von bestrickender Zweideutigkeit. Denn immer, wenn einer sich selbst hilft, ist die Art, wie er das geschafft hat, im kollektiven Gedächtnis für immer verankert und damit für jeden anderen abrufbar. Es ist sicher nicht ketzerisch zu sagen, dass damit ein großer Teil der göttlichen Beihilfe erklärbar wird.

Erinnern Sie sich, dass einer unserer drei großen Loslass-Verhinderer das tiefe menschliche Bedürfnis nach Besitz war? Gönnen wir uns eine Minute der Wahrheit: Immer, wenn wir eine Beziehung eingehen, tun wir dies exklusiv. Grässliche Sätze wie »Bis dass der Tod uns scheidet« und Floskeln wie »unauflöslich verbunden« und »für immer und ewig dein« kommen genauso aus dieser Bedürfniswerkstatt wie Eheverträge, Liebesschwüre und Blutsbrüderschaften. In *jeder* Beziehung mit diesem Hintergrund wird eine unsichtbare Sanduhr aufgestellt, deren Inhalt sich früher oder später unerbittlich verbraucht.

In der wunderbaren »Bürgschaft« erzählt Friedrich von Schiller von einer Männerfreundschaft, die auf so tiefem Vertrauen ruht, dass sie nicht einmal das Todesrisiko scheut. Das rührt selbst den Tyrannen und lässt ihn sagen: »Und die Treue ist doch kein leerer Wahn!« Recht hat er, der Herr König! Aber eben nur in diesem Fall, denn das, was er anspricht, ist eine Charaktereigenschaft, die sich, entgegen aller emotionalen Sprache, zwar oft mit Liebe gepaart zeigt, aber letztendlich, wenn man es ganz genau nimmt, keine Gemeinsamkeit mit ihr pflegt. Es sei denn, wir sprechen von einer Art der Liebe, die mit Eros und Sexus nichts zu tun hat, nämlich von der berühmten Agape, einer Form von Hinwendung zu einem anderen Menschen, die völlig erwartungsfrei und bedingungslos ist, also auch keine Besitzansprüche stellt. Obwohl Agape durchaus auch als Gefühl bezeichnet werden kann, ist diese Zuordnung nur teilweise richtig, denn wer fähig geworden ist, diese Form der Zuneigung in sich erstehen zu lassen, ist auf dem besten Weg, christlich zu werden, und zwar im schönsten und reinsten Sinn: gleich-gültig.

Diese höchste Stufe zu erreichen ist ein Akt a) des Willens, b) der Selbsterziehung, c) der Charakterbildung und d) des Glaubens an eine höhere Macht, die ein Wesen, keinesfalls aber eine Person ist. Bis wir diese vier Säulen der Selbsterlösung nicht ins Gleichgewicht gebracht haben, werden wir wieder- und wiedergeboren werden und von Beziehung zu Beziehung taumeln. Solange das Beieinandersein für uns noch von Habenwollen und Sicherheitsstreben erfüllt ist, hat es wenig Sinn, großartig über das Loslassen von Partnern zu parlieren und Rezepte für die Freiheitsgestaltung zu veröffentlichen.

Der unübersehbare äußere Wandel unserer Zeit ist eine nicht mehr rückgängig zu machende Verwandlung in ein anderes Wahrnehmen, ein neues Bewusstsein und eine Transformation, die sich seit langer Zeit so vorbereitet hat, wie sich jede Revolution in der Vergangenheit angekündigt hat: durch extremen Niedergang der Moral und Ethik, durch mutwilliges Verwischen der Geschlechtergrenzen, durch tief greifende technische und wissenschaftliche Neuerungen, durch Wirtschaftszusammenbrüche und durch die Bildung zweier Gesellschaftsschichten, nämlich Reich und Arm, mit einer sich stetig aufreibenden Mittelschicht-Pufferzone. Da, wo sich bis jetzt die größte Stabilität gezeigt hat und zur Gewohnheit geworden ist, werden die Veränderungen am intensivsten vorausgefühlt. Das betrifft auch Beziehungen, die bequem geworden und längst zu erstarrten Nutzgemeinschaften mutiert sind.

Die kommende Zeit wird keine alten Sicherheits- und Bequemlichkeitsmuster dulden, keine abgelebten Hilfsmittel akzeptieren und schon gar keine Verhaltensformen zulassen, die nicht den Bedürfnissen der Allgemeinheit dienen. Dass wir plötzlich für das Thema «Loslassen« aufgeschlossen sind, zeigt doch nur, dass eine kollektive Vorahnung den Geist bereits auf das Kommende einstimmt, und dazu gehört unter anderem, dass sich Beziehungsformen per se grundsätzlich korrigieren und neu gestalten.

Vor jedem Erdbeben schnattern die Gänse! Und vor jedem Umbruch werden diejenigen unruhig, die ihr Programm, ihre Fähigkeiten zu früh »entschleunigt« haben. Man könnte beinahe sagen: die es sich auf ihren Lorbeeren bequem gemacht haben. Jetzt spüren nicht nur sie das Aufscheuchen, die erzwungene Bewegung, die Unruhe und wissen nicht, wohin mit der Ahnung, die wie ein undefinierbarer Mahner in den lieb gewordenen Habitus einbricht und nichts anderes will, als vorzubereiten und wach zu machen.

Facebook? Twitter? Partnerbörsen? Vergessen Sie es!

Es geht um das Wesentliche. Die Tänze um irgendwelche Kälber oder Götzen, seien sie aus Gold, Fleisch und Blut oder virtuell, sind nicht mehr wichtig. Wir werden wieder lernen müssen, die höhere Macht des Schicksals zu akzeptieren, das de jure immer dann, wenn seine Regeln zu unverschämt übergangen werden, für eine radikale Zäsur sorgt. Das ist nichts, wovor Sie Angst haben müssten. Doch vor dem, was sich momentan abspielt, sollten wir alle Angst haben – wie vor allem, das außer Kontrolle gerät.

Sollte es jetzt irgend jemandem gefallen zu behaupten, dass es doch schon immer so war wie heute, dann kann man nur auf die Amokläufe, Überfälle, Morde und Freiheitsberaubungen hinweisen, die längst fester Bestandteil der täglichen Meldungen geworden sind und die in epischer Ausführlichkeit breitgewalzt werden, damit bestimmt auch noch der letzte krankhaft veranlagte Zuhörer aktiviert und motiviert wird.

Nicht nur die »alten Paare« verlieren den Halt. Die unentwegte unterschwellige Stimulation durch Funkwellen und subliminale Informationen wie auch die Überreizung durch Multitasking (verschiedene Tätigkeiten gleichzeitig erledigen) und Instant Messaging bewirkt einen Burn-out der Gehirne, der die traditionellen Formen des Interagierens untergräbt und Beziehungen zermürbt, weil der Einzelne instabil und damit kommunikationsgestört wird. Unsere neuronalen Schaltkreise machen nicht mehr mit, und wenn wir sie weiterhin diesem täglichen Bombardement von Einflüssen aussetzen, wird das Nervensystem entweder auf Verweigerung oder »Roboter« schalten.

Wie, bitte, sollen denn Beziehungen funktionieren, wenn kein Mensch mehr daran interessiert ist, sich auf *eine* Sache zu konzentrieren, in Ruhe *ein* Buch zu lesen, *ein* Gespräch und *einen* Menschen entspannt zu genießen oder *ein* Thema konzentriert zu besprechen? Ein überreiztes System verlangt nach immer noch mehr Reizen und immer noch mehr scheinbarer Befriedigung, bis es kollabiert oder so abstumpft, dass von Beziehung nicht mehr die Rede sein kann.

Wir stehen an einem Punkt, wo es kein Zurück mehr gibt und eine individuelle Entscheidung gefällt werden muss. Und zwar gegen eine Technisierung, die im Begriff ist, unser persönliches Glück zu zerstören. Wie jeder weiß oder wissen sollte: Das persönliche Glück ist *nicht* durch Besitzanhäufung, nicht durch Machtsteigerung und auch nicht durch unbegrenzten Sex zu erreichen, sondern durch Harmonie von Körper, Geist und Seele, durch Zuwendung und Zärtlichkeit und durch innere Bestätigung der äußeren Vorgänge. Sie müssen sich für das entscheiden, was Ihnen wichtig ist!

Wenn Sie glauben, dass der wahllose Konsum der technischen Angebote *und* eine erfüllte Beziehung möglich sind, dann sei Ihnen hier und jetzt gesagt, dass auf dieser Doppelschiene noch kein Mensch unbeschadet fahren konnte.

Der Grund dafür ist einfach zu erklären: Der Mensch hat Grenzen! Und diese Grenzen sind, was seine Aggressionsschwelle betrifft, schneller erreicht, als man glaubt.

Nun könnte es ja sein, dass Sie bereits zu diesen klugen und disziplinierten Menschen gehören, die Technik nur dann benutzen, wenn es wirklich nötig ist. Ich rede jetzt nicht nur von Computern und Handys, sondern von *jeder* Art von Technik, die aller Welt zugänglich ist, also vom elektrischen Dosenöffner über die Kettensäge bis hin zum Navigationssystem in unserem Auto. Gratulation, wenn Sie auf dieses und jenes einfach verzichtet haben, denn das beweist, dass Sie zu der Sorte von Verbrauchern gehören, die *denken* und nicht wahllos auf alles einsteigen, was angeblich zeitsparend und praktisch ist. Möglicherweise gehören Sie dann auch nicht zu denen, die ohne Kopfhörer nicht mehr leben (laufen) können, den Fernsehapparat schon einschalten, bevor sie den Mantel ausgezogen haben, und das Brot nur mehr mit der Maschine schneiden können.

Wenn Hände aufhören, die Dinge des Alltags wirklich zu greifen, dann wird der Kopf bald vieles nicht mehr begreifen, was im Falle größerer Veränderungen lebensrettend sein könnte. Mit dem Verlust der manuell praktikablen Verrichtungen haben wir gleichzeitig etwas aufgegeben, was scheinbar allgemein gar nicht registriert wurde: die Versicherung, mit unseren Händen wehrhaft sein zu können. Nein, ich spreche nicht von Zuschlagen, sondern von einer Befähigung, die nur über das Zusammenspiel von Hirn- und Handarbeit zustande kommt, nämlich Zeitabläufe und Materie analog wahrzunehmen und damit beruhigend auf das Nervensystem einzuwirken. Wenn Sie jetzt nicht verstehen, was ich meine, dann gehen Sie doch einmal auf einen Bauernhof, in eine Gärtnerei oder/und zu einem Porzellanmaler oder einem Restaurator.

Und es müssten allesamt Betriebe sein, in denen es keine Massenerzeugung gibt.

Sie werden dort Menschen finden, die gut »bei'nander«, also nervlich stabil, bodenständig und von ebensolchen Mitarbeitern und Lebensgefährten umgeben sind.

»Es ist *süß*, zu einem Brunnen zu gehen, wenn man durstig ist«, sagt der kleine Prinz, und was er meint, ist: Wenn ich etwas bewusst tue, gewinnt es an Wert und an Bedeutung für mich. Das hilft »gut bei'nander« zu sein. Und macht es auch leichter, gut »miteinander« umzugehen, weil die ungetrübte Wahrnehmung eines anderen Menschen, seine Realität, sein Wollen und Streben nur von einem stabilen Nervensystem erspürt werden kann. Damit ist klar, welches das Empfangsorgan ist. Doch wo liegt der Sender? Und warum geschieht es immer und immer wieder, dass wir Wegbegleiter anziehen, an denen wir schmerzhaft hängen, obwohl wir wissen, dass sie uns schaden? Was ist das für ein scheinbar unkontrollierbares System, das fähig ist, Signale auszusenden, um damit adäquate Partner »anzulocken«?

Die gesamte Menschheit ist auf der Suche »nach dem Freund, nach dem das Herz am Morgen schon verlangt und um den es in der Nacht bange ist«.

Diese Worte spricht der greise Hauptdarsteller in Ingmar Bergmans Meisterwerk *Wilde Erdbeeren* und sie drücken vollendet aus, nach welchen Gefühlen wir suchen, also nach welcher emotionalen Bindung wir uns sehnen. Doch wem gelingt es, eine sogenannte glückliche Verbindung herzustellen und zu halten?

Wir haben doch alle ziemlich genaue Vorstellungen, wie so eine Herzensbindung aussehen und sich anfühlen soll. Und trotzdem widerfährt einem riesigen Prozentsatz von Suchenden das, was der Liedermacher Herman van Veen als »Griff ins

Klo« bezeichnet. Ja, das ist eben Schicksal, nicht wahr, oder gar Karma. Und dagegen kann man nichts tun! Oder?

Bitte, eliminieren! Und zwar beide vorhergehenden Behauptungen, denn sie sind, wie vieles auf dieser bipolar konstruierten Welt, nur die eine Hälfte, sozusagen das Nordzimmer im großen Gebäude der Realität, in dem nicht geschrieben steht, dass Sie es als Dauermieter bewohnen müssen. Denn hinter diesem Marionettentheater der Paarungen stecken unsere Gene, und zwar (leider) die latent rezessiven, die es nicht geschafft haben, durch Dominanz abgesichert und präsentiert zu sein und nun in der »Außenwelt« einen genetischen Mitstreiter suchen, über oder mit dem zusammen sie in Aktion treten, und sei es über das Zeugen von Nachkommen.

In der (nicht nur) amourösen Realität sieht das dann so aus, dass der hochorganisierte, pünktliche und ordentliche Manager auf die weiß Gott chaotischste unzuverlässigste und erfolgsverschonteste Odaliske im ganzen Umkreis hereinfällt, während die disziplinierte und gepflegte Kauffrau dem charmanten, aber leider alkoholabhängigen und spielsüchtigen Künstler auf den Leim geht. Schuld daran sind, wie gesagt, diese latent rezessiven Biester, die sich scheinbar unkontrollierbar um eine Zwischenmenschlichkeit bemühen, die sich ziemlich schnell als dauerbelastendes Dramolett herausstellt.

Gene erscheinen in unserem System paarweise, und wenn sich in diesem Verbund ein gendominantes, also beherrschendes Allel auszeichnet, sitzt das andere Gen praktisch auf der Wartebank, bis – ja eben, bis es in der Welt außerhalb dieses Körpers, dem es angehört, ein entsprechendes Gen in einem anderen Körper ortet. Dann reagieren beide heftig aufeinander, was bei beiden Menschen Sympathie, Verbundenheit oder sogar Liebe auslöst. Vom Wissen der Humangenetik Verschonte sprechen dann vom »Spiegel«, den wir im Partner finden, oder von der Entsprechung oder vom passenden Deckel für den Topf.

Erschreckt und ahnungsvoll reagiert die zauberkräftige Königstochter Medea in Grillparzers *Das goldene Vlies* auf diesen Vorgang, denn sie erkennt, dass sie gegen diese treibende innere Kraft machtlos ist, die sie förmlich in die Arme Jasons drängt und damit in ein dunkles, schmerzerfülltes Schicksal.

Doch es muss nicht immer mit Mord und Totschlag enden, wenn sich unsere latenten Gene von ihrer Ersatzbank erheben. Erinnern Sie sich noch an die »netten Tierlein aus Gottes großem Streichelzoo«? Ja, auch so kann das funktionieren, wenn Dominantes (Promi) und Rezessives (unbekannte[r], aber zielstrebige[r] Schöne[r]) aufeinandertrifft.

Für uns ist nur interessant zu erfahren, ob es gegen dieses genetische Gängelband eine Schere gibt, und wenn ja, dann bitte wo?

Wenn Sie diesen Verstrickungen entkommen wollen, müssen Sie zuerst herausfinden, worauf diese kontaktfreudigen Steuermatrosen reagieren. Da es immer das Gleiche ist, worauf sie (und Sie!) anspringen, würde eigentlich ein mittelmäßiges Gedächtnis genügen, um dieser Mannschaft das Handwerk zu legen, wenn es nachweislich nicht auf goldenem Boden steht. Doch, oh Wunder, hier setzt unser Erinnerungsorgan geflissentlich aus, als hätten die Rezessiven ein Schweigeabkommen mit dieser Instanz getroffen oder gar Schmiergeld bezahlt.

Und Sie werden es nicht glauben: Genau so ist es! Denn kaum werden diese Gesellen aktiv, setzt so etwas Ähnliches wie ein übergeordneter Navigator ein, der gleichzeitig den bereits beschriebenen Botenstoff im Hirn freisetzt, der »Belohnung« signalisiert. Und schon sitzt das Kaninchen betört vor der Schlange, die wiederum denkt, *sie* sei das Kaninchen und so fort. Opfer wird zu Täter, Täter zu Opfer und so wird das

»Goldene Vlies« seit Generationen weitergereicht und gehütet und gehegt.

Die Fachleute werden Ihnen sagen: »Sie müssen das Muster loslassen!« Das hilft ungefähr so viel wie der Rat, sich grüne Haare wachsen zu lassen. Denn der Schlüssel zur geheimen Kammer mit den Musterplänen liegt unter anderem in Ihrer Ahnenvergangenheit. Gene bewahren das Erfolgreiche in ihrem Datenspeicher. Und da, wie wir in früheren Kapiteln bereits ergründet haben, all die »schönen Dinge« wie Alkohol, Drogen, Geldverschwendung, Betrug und Obsession ja unglaublich »Spaß« machen und daher von Glückshormonen begleitet sind, haben sich bestimmte »Speicherkapazitäten« darauf spezialisiert, diese Denk- und Fühlwürdigkeit als solche zu bewahren.

Das ist eine der berühmten Self-Managing-Energies, die sich wie eine Lawine entrollt, wenn sie an der richtigen Stelle losgetreten wird. Suchen Sie in der Geschichte Ihrer Vorfahren nach ähnlichen Lebensläufen und vor allem nach ähnlichen Charakteren. Und wenn Sie selbst keine Unterlagen auftreiben können, kann vielleicht der »rezessive« Partner aushelfen, und zwar mit seinem Stammbaum. Am interessantesten sind die »Angeheirateten«, die *nicht* von den Eltern ausgesucht oder willkommen geheißen wurden. Denn Väter und vor allem Mütter (!) haben einen untrüglichen Instinkt für rezessives Medea-Unheil, aber, wie die Familiengeschichten zeigen, selten Einfluss auf die wie unter Hypnose stehenden Kinder. Es klingt schrecklich, aber Sie sollten sich von allem fernhalten, worauf Sie sehr schnell und sogartig anspringen oder angesprungen werden!

Und wenn Sie das »Muster« durchbrechen und das Gespenst arbeitslos machen wollen, heißt die Devise ab sofort: informieren, beobachten (sich selbst zuerst!), Gefühle kontrollieren, unsere Stimme anhören und lieber zehnmal Nein als einmal Ja sagen. Denn wenn es wirklich die große, einzige und unsterbliche Liebe ist, dann hält sie zehnmal *Nein!* aus. Die rezessive Partei hingegen gibt relativ schnell auf.

Nun ist es aber auch leider so, dass die Mitläufer sehr zielstrebig sind und bei Verweigerung umso mehr nach Ersatz suchen, und zwar unter Zuhilfenahme aller Mittel. Dazu gehört auch das »Anspringenlassen« auf den berühmten »Typ«, den jeder wie ein Memory-Kärtchen in seinem Unterbewusstsein mit sich herumträgt. Haben Sie sich nicht schon manchmal gefragt, was »der« an »dieser Scheuche« findet? Oder gesagt, wie wenig der Dickwanst zu der Elfe passt, mit dem Nachsatz: »Das muss der Vater-Komplex sein!« Sie werden es nicht gern hören: Da haben die Dominanten vorgesorgt, auf Nummer sicher gesetzt und sich nach der Memory Card gerichtet, auf der die Erinnerungen an glückliche Partnerschaften in »Bild und Ton« dauerhaft gespeichert sind, obwohl sie meist in weit entfernter Vergangenheit liegen. Doch *wie* liest man diese Memory-Card? Und hat man dann die Garantie?

Zuerst die Antwort auf die letzte Frage: Nein! Denn nur dass jemand die Nummer sicher geschafft hat, heißt ja nicht, dass die Rezessiven sich haben einmotten lassen. In Zusammenarbeit mit den unentwegten Bilderreizen, den Tonstimulationen und der Unendlichkeitssehnsucht (Da muss doch *noch* was kommen …) wird immer wieder versucht, die Dominanz des herrschenden genotropischen Mischfeldes zu untergraben. Dieses Konglomerat genetischer Informationen und Faktoren ist nichts anderes als die Mixtur zweier menschlicher Energiefelder und das daraus entstehende Gesamtergebnis. Über dieses Mosaik verwirklichen und erlösen sich die Partner selbst und gegenseitig, oder sie zermürben und vernichten sich. Und da wir einen freien Willen haben, der in gewissen Grenzen über die Entwicklung entscheidet, ist jeder Partnerzusammenschluss auch eine Charakterfrage.

Die Qualität Ihres Charakters wiederum hängt von Ihrem Willen zur Selbstkontrolle ab, von Ihrer Gewissenstreue und von Ihrer Erfahrung, also Ihrer seelischen Reife. Die Selbsterziehung, welche die Zwillingsschwester (zweieiig!) der Selbstkontrolle ist, kann erlernt und trainiert werden, wie jede andere beliebige Kunst. Die Voraussetzung dazu ist jedoch Gesetzestreue, die nichts oder nur marginal etwas mit dem gängigen Gesetzbuch zu tun hat. Denn im Gegensatz zu diesem muss die Rede auf Ja und Nein beschränkt werden, so wie es im Matthäus-Evangelium 5,37 beschrieben und gefordert wird.

Ja, es geht *immer* um die inneren Treiber, die unserem Ich beweisen wollen, dass die Gegensätzlichkeiten der menschlichen Triebnatur stärker sind als sein Bestreben, die Gegensatzpole in unserem System zu überbrücken. Das Ich, die übergeordnete Instanz unseres Seins, will die Vollendung, das Vollkommene, also Gottähnliche. Unsere Triebnatur, angestachelt von den exogenen Faktoren verschiedenster Art, strebt ausschließlich das am meisten Lusterfüllende, Bequemste an, wie unsere berühmten Laborratten ihren Lustempfindungsimpuls. Es sei erlaubt zu fragen, was dagegen einzuwenden ist.

Natürlich nichts, außer die Frage wird in einem Buch über das Thema Loslassen gestellt.

Wer, wie Sie, begonnen hat, über diese Stufe der Selbstentwicklung nachzudenken, mehr noch, sich sogar entschlossen hat, einen Schritt weiter zu gehen, muss buchstäblich alles, also sein ganzes Dasein, neu hinterfragen und beleuchten. Besitz, Macht/Ruhm, Sexualität – dies alles bekommt ab einem bestimmten Reifegrad einen anderen »Geschmack«.

Gewiss gibt es Dinge in Ihrer Vergangenheit, die Sie heute nie wieder so tun würden, für die Sie sich schämen oder die

Sie belächeln. Mit der spirituellen Reife verhält es sich ebenso. Ganz selbstverständlich löst man sich von Gewohnheiten, Vorstellungen, Verhaltensformen und auch von der Bereitschaft, an materiellen Dingen anzuhaften. Es geschieht in dem Maße, wie sich Ihr Ego entschlossen hat, seine Ansprüche nicht mehr gegen Ihr Höheres Ich durchsetzen zu wollen. Zuvor müssen Erkenntnisse und inneres Hören den Weg geebnet haben, damit die Entsagung nicht in eine Selbstverleugnung oder gar eine Resignation ausartet. Der Körper und das Ego müssen sich der Übertragung der Befriedigungsansprüche auf eine andere Welt nicht nur unterwerfen, sondern sich auch der Neugestaltung und Entwicklung anschließen.

In früheren Zeiten suchte man diesen Anschluss dadurch zu erreichen, dass man sich geißelte, sich kasteite (von Lateinisch *castigare* = »rügen, zurechtweisen«) und sich praktisch alles versagte, wonach Lust und Trieb verlangten. Dergestalt verbogen und unterdrückt kam es nicht nur zu Halluzinationen einer missverstandenen Göttlichkeit, sondern zu regelrechten Perversionen, die in den Inquisitionsprozessen ihren grausigen Höhepunkt fanden. Mit Gewalt sollte alles Unreine und Teuflische aus der Welt gefoltert und gebrannt werden, damit das Wahrhafte und Reine ungestört in allen Menschenseelen keimen und wachsen könne, um so das Reich Gottes auf Erden erstehen zu lassen und dem himmlischen Herrscher wohlgefällig zu sein.

Dagegen wirkt der Dominikaner Girolamo Savonarola, der Ende des 15. Jahrhunderts ganze Scharen von Kindern durch Florenz jagte, damit sie alles einsammeln sollten, was die Verkommenheit des Menschen fördern könne, noch wie ein sanfter Windhauch. Wir wären heutzutage nicht schlecht dabei, wie mir scheint, wenn wir die Liste der damaligen Beutestücke zu begutachten hätten: gotteslästerliche Schriften, pornografische Darstellungen, Schmuck, dekolletierte Kleider, Schmuckutensilien und Schönheitscremes, Spielkarten, Luxusmöbel und Musikinstrumente. (Heute wäre es der ganze MTV-Sender & Co., nehme ich an.) Alle diese schönen Dinge wurden in Florenz mitten auf der Piazza della Signoria zu einem riesigen Scheiterhaufen aufgeschichtet und verbrannt. Und zwar exakt im Karneval des Jahres 1497! Zumindest brachte Savonorola, der ein fanatischer und brillanter Redner war, die Florentiner kurzfristig dazu, sich bußwillig zu zeigen, was aber, wie alles Erzwungene, nicht lange anhielt. Wenig später griffen sie sich ihren dogmatischen Bekehrer und erhängten ihn auf eben dem Platz, auf dem die Zeugnisse ihrer Laster zuvor in Flammen aufgegangen waren, was sie seinem Leichnam zur Vorsicht dann auch noch angedeihen ließen. Fast tut einem der Eiferer Gottes leid, denn (abermals sträubt sich die Feder fast, es niederzuschreiben!) der Mann hatte recht!

Übertrügen wir die seiner Zeit angeprangerten Objekte der Begierde auf heutige Verhältnisse, dann kämen noch ein paar (etwa 370) Zeitschriften mit anstößigem Inhalt dazu, schätzungsweise sämtliche Laptops, Handys und iPods, und ganz oben auf dem Flammenberg säßen die Schönheitschirurgen, Drogenhändler und Kinderschänder – ginge es nach Savonarola. Und wir könnten wetten, dass wenig später derjenige, der Savonarolas Rolle übernommen hätte, genauso vom Volkszorn ereilt würde wie sein inzwischen mit Denkmälern geehrtes Vorbild. Das große Loslassen kann genauso wenig erzwungen werden wie die große Liebe. Deswegen lieber kein Savonarola. Obwohl seine flammenden Reden gegen den Sittenverfall der Kirche heute vielleicht gar nicht so schlecht ankämen.

Mit den Stufen der Erkenntnis oder, besser gesagt, mit der Erleuchtung, ist es leider fast so wie mit Zahnschmerzen: Sie tauchen immer dann auf, wenn man sie am wenigsten erwartet. Auch weiß man vorher nie, wodurch sie ausgelöst werden, und wenn man sie hat, kann man sie nicht aus dem Bewusstsein drängen. Und – sie tauchen immer individuell, doch nie epidemisch auf.

Das heißt: Wer von der höheren Erkenntnis ereilt wird, steht zuerst einmal ziemlich allein da mit seiner neuen Wirklichkeit. Und ziemlich fassungslos, denn er sieht mit einem Mal sämtliche menschlichen Fehlleistungen mit beinahe erdrückender Klarheit – und in all ihrer Lächerlichkeit.

Ab diesem Moment des Erkennens wird das Leben schwierig, denn es kann damit gerechnet werden, dass fast kein Mensch, und schon gar nicht die Allgemeinheit, auch nur im Geringsten nachvollziehen kann, warum der Betreffende plötzlich Dinge ablehnt und verurteilt, die er noch kurz zuvor als gut und richtig befunden hat oder kommentarlos akzeptiert hat. Bedingt durch den Erkenntnisschub, der durch den Akt der abgeklärten Lossagung eintritt, eröffnet sich dem Betrachter meist ziemlich übergangslos die hundertprozentige Gesamtheit einer Realität, die zuvor entsprechend der bipolaren, also nur fünfzigprozentigen Wesenhaftigkeit sowohl der irdischen Gegebenheiten als auch der Wahrnehmungsfähigkeit der Sinne nur teilweise begriffen werden konnte. Es gehört zu den Eigenarten der Seele, dass sie beim Anblick von Dingen, die ihr zum ersten Mal gegenübertreten, nur so viel von ihnen aufnimmt, wie sie ihrem Vermögen nach fassen kann.

Das heißt, dass der allererste Eindruck immer auch ein teilweises Auslöschen der Wirklichkeit mit sich bringt. Aus diesem Grund erscheinen alle Dinge dieser Welt für jeden Menschen so, wie seine Seele sie für ihn Gestalt annehmen lässt.

Stellen Sie sich vor, Sie sehen zum ersten Mal in Ihrem Leben eine Orchidee. Sie betrachten sie, bewundern ihre Farbe, berühren sie mit den Händen – und gehen weiter. Den Rest erledigt Ihr Innenleben, also Ihre Seele. Sie macht aus der Orchidee das, was Sie aus der Erinnerung und dem Begreifen der Blume im Laufe der Zeit gestalten. Manche Zuhörer meiner Vorträge haben das Beispiel besser verstanden, als ich ihnen eine Geschichte erzählte und sie diese dann getrennt nacherzählen ließ. *Es war unglaublich!* Zum Teil war eine völlig neue Erzählung entstanden. Noch wilder wurde das Experiment, wenn ich einen Zuhörer nach vorn kommen ließ und ihn bat, hinauszugehen und nicht wieder zu kommen, bevor er/sie dazu aufgefordert würde. Ob Sie es glauben oder nicht: In manchen Sälen war man sich nicht einmal einig, ob es ein Mann oder eine Frau gewesen war, mit der ich gesprochen hatte.

Wir glauben, immer alles gesehen und begriffen zu haben, wenn es vor unseren Augen erscheint. Doch tatsächlich nehmen wir allem und jedem bei der ersten Gegenüberstellung etwas weg, nämlich den Teil, den wir im Nachhinein durch unsere, im Laufe des Umgangs oder aus der Erinnerung gewonnenen Erkenntnis ersetzen. Und wenn nicht richtig aufgenommen wurde, wird genauso mangelhaft komplettiert. Damit ist klar, dass wir alle samt und sonders Primär-Illusionisten sind. Am schlimmsten trifft uns diese Art des Umganges mit exogenen Fakten, wenn wir einem anderen Menschen gegenübertreten. Nicht nur, dass die berühmten »Rezessiven« und »Dominanten« uns in dem Augenblick genau das sehen lassen, was uns (momentan) entspricht. Wir sehen auch bestenfalls nur die Hälfte unseres Gegenübers. Drum prüfe (= lasse sich Zeit), wer sich bindet! Und zwar so lange, bis sich wenigstens ein Teil des Restpotenzials offenbart hat.

Ich hatte einmal das Glück, in einer hoch gerühmten Schweizer Uhrenfabrik dem Meister zuschauen zu dürfen. Da lagen Hunderte von winzigen Schräubchen und Rädchen herum, und nur die Lupe vor dem Auge des Meisters machte das Ineinanderfügen möglich. Einmal hielt er inne, suchte, ließ die Pinzette über die Arbeitsfläche schweben. Ich glaubte zu wissen, was ihm fehlte, und zeigte auf ein abseits liegendes Teilchen.

»Nein, nein«, sagte er, »das sieht nur so aus, als würde es passen. Aber das greift nur zwanzig Umdrehungen, dann bricht es.«

Ach ja, wenn man nur immer so einen Meister mit einer Pinzette neben sich sitzen hätte, der sagen würde: »Nein, nein, das sieht nur so aus!«

Ich lernte auch, dass man manche Teilchen erst ins Feuer halten muss, damit sie brauchbar werden. Und manche sind von Anfang an unbrauchbar, obwohl sie so unglaublich gut und gleich aussehen. Die werden dann aussortiert. So ist das eben in einer erstklassigen Uhrenwerkstatt. Aber wir reden hier über Menschen, und die kann man ja wohl nicht ins Feuer halten oder in eine Kiste mit der Aufschrift »unbrauchbar« stecken, oder?

Andererseits haben wir uns aber doch versprochen, die Dinge beim Namen zu nennen. Mit-einander, bei-einander, für-einander. Ja, gern, aber nicht mit jedem und jeder. Denn es gibt Menschen, die scheuen das Feuer, durch das sie schon x-mal hätten gehen müssen, um brauchbar zu werden, wie der Teufel das Weihwasser. Vielmehr entwickeln genau diese ein unglaubliches Talent, andere glauben zu machen, sie seien echte Feuersalamander. Und – oh Tyches Geschick! – genau diese sind es, an denen wir hängen wie ein Klettband am Wollkleid.

Aber warum? Je mehr Leerraum, desto mehr Ausbreitungsmöglichkeiten. Und so wird ins Nichts investiert und hinein illusioniert, dass es nur so funkt und kracht. Aber weil das Nichts so gut schluckt und aufnimmt, denkt man, man müsse immer mehr nachschieben und nachliefern. Und weil das ein 24-Stunden-Job ist, glauben die Zulieferer, dass der andere eine tolle Ergänzung ist, weil so gewaltig für Beschäftigung gesorgt wird.

Ach, ihr lieben Damen und Herren: Loslassen! Die Aktivität ist trügerisch, dabei zeitraubend und irreleitend. Aber wie kommt man los, wenn das Klettband hakt? Seelen-Vampire üben, wie wir wissen, einen Sog aus, wie ein 10 000-Watt-Staubsauger. Will man einen solchen stoppen, zieht man den Stecker. Wenn Sie den »Seelensauger« stoppen wollen, müssen Sie *seinen* Stecker ziehen und aufhören, ihm Energie zu liefern – ein Vorgang, der mit masochistischer Genugtuung vollzogen wird, weil das Abliefern nämlich das berühmte Glückshormon aktiviert und seelisches Wohlbefinden simuliert. Es gibt ein einziges Gegenmittel: Sie müssen Ihrem Ego abgewöhnen, auf diesen Sog zu reagieren. Die Devise lautet: Immer wenn Sie spüren, dass Sie etwas für das »einnehmende Wesen« tun wollen, tun Sie etwas anderes.

Das klingt im ersten Moment ziemlich blödsinnig. Seit ich jedoch von meinem Stiefvater, dem Mediziner, gelernt habe, dass Spinnweben, Schmierseife und Kuhmist bei bestimmten Krankheiten und Verletzungen wahre Wunder wirken können, ist es mir egal, wie blödsinnig sich etwas anhört, solange es nachweislich hilft. »Nur Endergebnisse zählen!«, wurde immer dann zur Devise erhoben, wenn beweisbare Erfolge zu verzeichnen sein sollten.

Eine Idee, die nicht von mir stammt, aber ebenfalls der Kategorie »Wirksame Mittel« zuzuordnen ist, stellt sich folgendermaßen dar: Immer, wenn ein Gedanke an den Energiefresser auftaucht, stellen Sie sich ein Band vor, das die betreffende

Person und Sie verbindet. Und dann nehmen Sie in Gedanken eine Schere und schneiden diese Verbindung durch.

Auch Monnica Hackls schamanische Schilde sind, wenn sie ordnungsgemäß gefertigt und erhoben werden, hochwirksam, und zwar nicht nur für Trennungen. Voraussetzung ist, wie bei allem, was wirklich zum Erfolg führen soll, dass Sie es tatsächlich wollen. Unter- und Überbewusstsein reagieren nämlich nicht auf Unentschlossenheit und Wankelmut!

Für die Zukunft wird es sich auszahlen, wenn Sie sich darüber im Klaren sind, dass jede Begegnung ein Initiationsangebot ist, das Ihnen freistellt »einzusteigen« oder nicht. Das Wort *initiare* kommt aus dem Lateinischen und bedeutet »Eingang gewähren«. Bei jedem Aufeinandertreffen mit einem anderen Menschen wird blitzschnell entschieden, ob der Eingang gewährt wird oder nicht. Das geschieht völlig automatisch als Ergebnis eines gedankenschnellen Check-up, den sich die »Rezessiven« im genotropischen Mischfeld liefern, wobei immer einer der »Aufforderer« ist und der andere der »Mitmacher«. In meinem Buch *Das unsichtbare Dritte* heißen die beiden »Felderzeuger« und »Feldeinsteiger«.

Die krasseste Form dieser Antipoden sind Opfer und Mörder, die zusammenwirken wie Haken und Öse, wie jedes Entsprechungspaar, dessen Signale zur gegenseitigen Initiation führen. Wenn Sie Ihrem Kind zum x-ten Mal einschärfen, dass es nicht zu einem Fremden ins Auto steigen oder mit ihm mitgehen darf, dann tun Sie eigentlich nichts anderes, als ich gerade mit Ihnen tue, indem ich Ihnen zum x-ten Mal einimpfe, mit Ihrem Bewusstsein Kontrolle auszuüben. Genauer gesagt: mit Ihrem Überbewusstsein, das Sie nur zu initiieren brauchen, und zwar im Gegensatz zu Ihrem Unterbewusstsein, nicht mit andersartigen Tätigkeiten und zerschnittenen Bändern, sondern mit einem klaren Befehl, der da lautet: *Ich will die Menschen, die mir heute begegnen werden, mit klarem Bewusstsein wahrnehmen, damit ich wählen kann.*

Wahl macht Schicksal!

Dieser Satz stammt vom Begründer der Schicksalsanalyse Leopold Szondi, der heute ohne Ende kopiert wird, ohne jemals erwähnt zu werden. Und wenn Sie Ihre Schicksalsrituale für immer verabschieden (loslassen!) wollen, dann hören Sie besser auf ihn und fangen *wirklich* an zu wählen. Jeder Satz, der mit »Ich will« beginnt, ist eine Selbstinitiation, eine Fusion zwischen Höherem Ich und Ego, in der *immer* das Höhere Ich der einladende Felderzeuger sein sollte und das Ego der zustimmende Feldeinsteiger.

Der Aufforderer ist aber keineswegs immer der Stärkere, selbst wenn er der Bessere von beiden ist. Denken Sie nur an Tanzveranstaltungen, bei denen Sie, wenn Sie eine Dame sind, oft genug »Nein, danke« gesagt haben, weil Ihnen der Herr nicht gefiel oder Sie auf einen anderen spekulierten oder weil Sie Blasen an den Füßen hatten. Wenn Sie männlichen Geschlechts sind, ist Ihnen sicher schon einmal eine »Damenwahl« widerfahren. Frage: Haben Sie schon einmal Nein gesagt? Geben Sie's doch zu! Je schauerlicher die Dame war, von der Sie zum Tänzchen geholt wurden, desto weniger haben Sie sich »getraut«, Nein zu sagen, weil Sie genau wissen, dass es unhöflich und verletzend ist, einer Angehörigen des »schwachen Geschlechts« einen Korb zu geben. Und jetzt noch eine (gemeine) Frage: Wer ist der Stärkere? Grundsätzlich, so denkt man, der Mann. Doch diese Illusion verabschiedet sich bald, wenn man sich über die Macht der Matrix (das Wort kommt vom lateinischen *mater* = Mutter!) im Klaren ist. Denn: Ohne Matrize geht gar nichts!

Filmillusionen hin oder her, schon in der Bibel ist zu lesen, dass an jedem Wort ein Fünkchen Wahrheit ist, und das gilt auch für die Ideen der Filmemacher. Grundsätzlich ist alles, was einem menschlichen Hirn denkbar ist, auch in der sogenannten Wirklichkeit realisierbar, und wie wir inzwischen wissen, zu mehr als fünfzig Prozent, weil eine Idee bereits dem Bereich der Erkenntnis zuzuordnen ist, die den allerersten Eindruck allemal um einige Prozentpunkte übertrifft. Nicht nur die Handlung der Filme *Die Truman Show* und *Matrix* ist von der Idee dieser übergeordneten, alles nach ihren Regeln tyrannisierenden Übermacht beeinflusst und vermittelt eine Ahnung davon, wie schwer sich der Weg nach »draußen« innerhalb einer solchen Diktatur finden und erkämpfen lässt. Nein, fast jedes Erzeugnis, in dem sich die Übermächtigkeit einer Matrix in intelligenter Weise darstellt, wird »von Erfolg gekrönt«. Egal, ob es sich um Dürrenmatts *Besuch der alten Dame* handelt oder um die Erfindung des Computers, der genauso stur alles »in sich hinein Gefütterte« speichert und nach seinem System verwaltet, wie die von Rache erfüllte Claire Zachanassian in oben genanntem Bühnenstück, die immerhin eine ganze Kleinstadt dazu bringt, kollektiv nach ihrer Pfeife zu tanzen und an ihrer Stelle zum Mörder zu werden. Es wird deutlich, dass sich jeder, der mit einem matriarchalen System umgehen will, dessen Regeln zu unterwerfen hat, zumindest anfänglich und scheinbar. Denn wer mit der Matrix nicht so umgeht, wie sie es wünscht, wird ihren Unwillen zu spüren bekommen.

Wieder einmal ist es der Volksmund, der es im Klartext ausspricht: »Der Mann ist das Haupt der Familie, und die Frau ist der Hals, der es dahin dreht, wohin sie will.« Ich möchte nicht versäumen anzumerken, dass es der weiblichen Klugheit obliegt, dem sogenannten starken Geschlecht diese Macht nicht allzu offensichtlich zu demonstrieren und auch nicht zu vergessen, dass die Qualität des Beieinanderseins vom Selbst-Verständnis der Frau abhängt. Wirkliche Gleichberechtigung kommt meiner Beobachtung nach automatisch dann zustande, wenn die gegenseitige Würde gewahrt bleibt. Dann kann Achtung entstehen, die, wenn sie vorhanden ist, das Zusammenspiel der Geschlechter wesentlich vereinfacht. Das Bewahren der gegenseitigen Achtung verlangt sehr oft ein klares Nein zur rechten Zeit, um die Grenzen deutlich abzustecken. Wenn uns die »große Freiheit« überrollt, sind diese Grenzen nämlich oft nicht mehr erkennbar, was zu Übergriffen verleitet, die Leid und Enttäuschungen nach sich ziehen.

Ich machte meine Ausbildung zur Sozialpädagogin genau in der Zeit, als die »Segnungen« der antiautoritären Erziehung über uns hereinbrachen. Um es kurz zu sagen: Es war das reinste Chaos. Dabei war die Grundidee, die eigentlich nur veraltete unterdrückerische Erziehungsformen aushebeln wollte, gut und intelligent. Doch leider verstanden viele Eltern und Erzieher dies als grundsätzliche »Befreiung«, und so entwickelte sich das berühmte Laissez faire, das die Kinder einfach »machen lassen« wollte, weil sie schon instinktiv wüssten, wo es »langgeht«, um so »unverbildet« zu ihrer wahren Persönlichkeit zu kommen. Meine damalige Professorin brachte es mit einem einzigen Satz auf den Punkt: »Wenn wir es den Kindern überlassen, ob sie sich die Zähne putzen wollen oder nicht, werden wir Erzieher nachher die Kosten für die Zahnarztrechnungen zu tragen haben!« Kinder brauchen einen Anführer, eine Orientierung und, neben aller Liebe und Fürsorge, auch Menschen, die klare Ansagen machen und die Rituale von Anfang an klarstellen. Und zwar immer die gleichen, nicht heute hü und morgen hott.

Die Begriffe Treue, Würde, Glauben und Anstand haben in den letzten Jahrzehnten viel von ihrer Aussagekraft verloren, was wir auf allen Gebieten des Gemeinschaftslebens zu spüren bekommen und was das Zusammenleben nicht gerade erleichtert. Unsere unstillbare Sehnsucht nach dem Grenzenlosen kann in der Materie nie und nimmer erfüllt werden, denn Materie stellt per se eine Grenze dar. Jede bestehende Form zeigt uns ihre Grenze. Wir sind durch unsere Haut abgegrenzt vom Rest der Welt. Und wer jetzt meint, über die Grenzenlosigkeit unseres Geistes philosophieren zu müssen, der tut nur kund, dass er anscheinend nicht weiß, dass er *nichts* weiß. Allwissend – unfehlbar – unantastbar? Lächerlich! Solange die Erde sich dreht, wird unser Wissen scheinbar sein, denn Materie *ist* scheinbar. Und wir sind mitten in ihr, also voller Fehler, Unwissen und Hochmut, der uns immer wieder dank Ego verleitet, die Unfehlbarkeit und Allwissenheit erproben zu wollen.

Und die Menschheit weiß *doch*, wie unvollständig und fehlbar sie ist. Denn kaum taucht jemand auf, der vielleicht wirklich ein Übermensch göttlichen Ursprungs ist, schon wird er umgebracht – aber nicht, ohne vorher hochgejubelt zu werden! Zwar können wir in der Spirale der Entwicklung weit nach oben kommen, aber letztlich bleiben wir doch immer von Zweifel erfüllte Wesen, die sich, betört vom Zauber der Allmächtigkeit und Unendlichkeit, nicht einmal über die einfachsten Dinge des menschlichen Seins im Klaren sind und sich vor dem Tod, dem großen und letzten Loslassen, fürchten. Diese Angst wird lieber immer weiter gehütet und genährt, als dass endlich akzeptiert wird, dass der Tod *kein* Ende ist, sondern nichts als die *wesentlichste* aller materiellen Erlebnissensationen des Menschen und, verglichen mit Geburt und Leben, auch die selbstverständlichste.

Wie Ihnen sicher aufgefallen ist, sprechen wir immer wieder von den drei Erscheinungsformen des Menschen, die sich über Körper, Seele und Geist definieren, was auch von den Gegnern der Wiedergeburtslehre widerspruchslos anerkannt wird. Wenn diese drei Ebenen für jedermann nachvollziehbar sind, dann *müssen* sie auch mit dem Tod in Zusammenhang gebracht werden können.

Bis dass der Tod uns scheidet?

Von was soll uns dieser natürliche und wesensverwandte Vorgang scheiden, außer von materiellem Besitz, materieller Macht, materiellem Ruhm und materieller Betätigung unserer Sexualorgane? Können wir, die wir durch Wesentliches so eng miteinander verbunden sind, dass wir uns auch körperlos wahrnehmen können, voneinander getrennt werden?

Die logische Antwort ist ein klares Nein! Das Einzige, was uns trennen kann, ist das Sterben der Liebe und das Erstehen von Hass. Solange wir imstande sind, die Liebe in uns sterben zu lassen, war sie *nicht echt*, sondern wurde mit hormonellen Vorgängen verwechselt, oder sie entstand aus *Berechnung*! Hier ist er, der Moment der Wahrheit, der Ihnen die Möglichkeit gibt, in aller Stille sich selbst einzugestehen, dass jede Ihrer Enttäuschungen auf Berechnung beruhte, und zwar auf Ihrer eigenen. Wenn Sie es fertigbringen, dieser Behauptung zuzustimmen, dann sind Sie nicht nur auf dem Weg des Loslassens ein riesiges Stück weitergekommen, sondern auch in der Verfassung, das nächste Kapitel dieses Buches zu lesen, das scheinbar schwierigste. Aber nur scheinbar – wie alles …

7. KAPITEL

Das letzte Loslassen

Wenn Sie gedacht haben, dass ich jetzt seitenlang über Sterben und Trauern, Selbstmord und Tod und den letzten Abschied schreiben werde, haben Sie natürlich einerseits ganz richtig gedacht, aber auf der anderen Seite vergessen, dass wir während unseres ganzen Lebens diesen letzten Abschied tagtäglich üben dürfen, was uns doch einige Überlegungen wert sein sollte. Ich spreche vom Schlaf, dem kleinen Bruder des Todes und behaupte, dass dieser vermeintlich zweitklassige Verwandte seinem großen Bruder absolut ebenbürtig ist und einige Geheimnisse in sich birgt, die ich Ihnen gern verraten möchte.

Jeden Morgen erwachen Sie als neuer Mensch, was Ihnen vielleicht gar nicht so sehr zu Bewusstsein kommt, wenn Sie im Spiegel Ihr vom Schlaf gezeichnetes Gesicht betrachten. Ein weiser Mann hat einmal gesagt: Meine Taten von gestern sind mein Schicksal von morgen. Und so erblicken Sie in Ihrem Spiegelbild das Gesicht des Schicksalsgestalters Ihres weiteren Lebens. Schauen Sie ihn (sich) gut an. Alles, was Sie (bis) gestern getan haben, ist in diesen Augen, in den Zügen Ihrer Physiognomie, im Ausdruck der Linien Ihres Antlitzes über Nacht eingeschrieben worden.

Es gibt einen wunderbaren englischen Spruch, der besagt: *Your morning face tells the truth about the quality of the last evening* (»Die Wahrheit über den vergangenen Abend zeigt sich am nächsten Morgen in Ihrem Gesicht.«) Diese feinen kleinen Wahrheitszeichen sind die Gestalter Ihres Altersgesichts und geben Auskunft über Ihre Art der Lebensführung. Schauen Sie also jeden Morgen Ihr Gesicht genau an, und zwar nicht, um Krähenfüße, Falten und trübe Morgenäuglein zu beklagen, sondern um sich selbst zu erforschen und Informationen über sich zu erhalten.

Der Spiegel wird in der Magie seit Jahrtausenden als mächtiges Utensil verwendet. Die Eingeweihten wissen nämlich, dass aus dem Zusammenspiel der Reflexion des Metalls auf der Rückseite des Glases, das den Spiegeleffekt erzeugt, und Ihrem eigenen Energiefeld viel mehr herauszuholen ist als nur die Unterstützung beim Schminken und Rasieren. Ich will Ihnen jetzt keinen Schnellkurs in Spiegelmagie verpassen, aber nehmen Sie sich doch einmal am Morgen zwei Minuten Zeit, um sich unverwandt selbst in die Augen zu blicken, mit möglichst sparsamer Lidbewegung. Nicht denken – nur schauen. Und abwarten, was sich tut. Sie werden staunen.

Mit dem Tag, der nun folgt, setzen Sie etwas fort, das gestern mit Ihrem Einschlafen ein vorläufiges Ende gefunden hat und dessen Ergebnisse Sie heute als Basis Ihres weiteren Lebens vorfinden. In dem Zeitraum zwischen gestern und heute hat sich, wahrscheinlich ohne dass Sie es bemerkt haben, Ungeheuerliches getan. Ihr Körper hat sich erholt, und zwar deswegen, weil Sie, sein ewiger Quälgeist, ihn für einige Stunden verlassen, also in Ruhe gelassen haben. Der geistige Teil, Ihr eigentliches und niemals ermüdendes Wesen, hat sich während dieser Schlafenszeit aus dem Körper entfernt und sich im sogenannten »Jenseits« (also in der Welt, die wir im Hier und

Jetzt mit unseren irdischen Sehnerven nicht wahrnehmen können) auf die Reise gemacht, Informationen eingeholt, sich beraten und sich orientiert.

Sie fragen sich vielleicht, warum Sie sich daran nicht erinnern? Weil Ihr Gedächtnis, solange Sie leben, nicht nur im physischen Körper unlösbar verankert ist, sondern auch Teil eines unsichtbaren zweiten Körpers ist, der Ihre sichtbaren Formen wie ein Zwillingswesen durchzieht. Dieser zweite Körper ist sowohl das mit Händen nicht greifbare Speicherorgan Ihrer Erinnerungen als auch der generelle Energieträger, der Ihre sämtlichen Körperfunktionen bewirkt und sich schon aus diesem Grund während Ihres Schlafes nicht entfernen darf. Jede Erinnerung Ihres Lebens, die Sie mit Ihrem Gehirn gedanklich abrufen, wird von diesem feinstofflichen Verbindungsorgan zwischen Physis und Geistkörper mit den entsprechenden Bildern beliefert, die es ausnahmslos gespeichert hat.

Wenn Sie Schwierigkeiten haben, gewisse Erinnerungsfragmente abzurufen, dann bedeutet das nur, dass die Einspeicherung entweder nur oberflächlich stattgefunden hat, oder dass Ihre Psyche das »Abrufen« aus persönlichen Gründen, wie Kummer, Scham oder Schmerz, erschwert. Die Gedächtnisschwierigkeiten im Alter haben nichts mit den Speicherfähigkeiten dieses Organs zu tun, sondern damit, dass Ihre vollständigen Körperkräfte nicht mehr zum Einsatz gebracht werden können. Die Hintergründe für das Phänomen des Wiederauftauchens scheinbar vergessener Kindheits- und Jugenderinnerungen im Alter entnehmen Sie bitte meinem im Jahr 2007 erschienen Buch *Das Geheimnis der Schicksalsrhythmen*, das sich mit den Entwicklungsphasen des Menschen von der Geburt bis zum Tod auseinandersetzt.

Und wie verhält es sich mit unseren Träumen?

Kurz vor dem Erwachen schiebt sich Ihr Geistkörper förmlich wieder in Ihren physischen Körper hinein. Während dieses »Reibungsvorganges« werden sowohl die in Ihrem körperlichen Gedächtnis lebendigen Bilder als auch die Eindrücke Ihres außerkörperlichen Aufenthalts miteinander vermischt und von Ihnen als »Traum« empfunden, entweder *inline*, also als verständliche Geschichte mit logischer Bilderfolge, oder als wilde Mixtur.

Auch Hinweise und Warnungen können so empfangen werden. Die heutige Deutung der Traumsymbolsprache nützt jedoch nur, wenn Sie von ihr initiiert wurden, was in diesem Fall heißt, dass Sie Zugang zu dieser Informationsquelle erhalten haben. Wenn Sie in der Folge dann (zu wissen) *glauben*, dass beispielsweise im Traum ausgefallene Zähne »Verlust« bedeuten, dann kann das in Ihrer eigenen Traumwelt durchaus als Hinweis gewertet werden. Denn tatsächlich werden für Hinweise die Bilder zur Verständigung benutzt, die von Ihnen im Zusammenhang begriffen werden können. In den meisten Fällen ist die Traumbilderfolge jedoch keine Informationsillustration, die allmorgendlich ausgewertet werden muss. Kein Mensch kann in einer anderen persönlichen Situation weiterleben als in der, die er beim Einschlafen hinterlassen hat. Das ist wie bei der Reinkarnation: Da, wo wir aufgehört haben, machen wir weiter, und zwar in der Weise, die wir durch unsere Handlungen im letzten Sein vorbereitet haben.

Ich verlange übrigens überhaupt nicht, dass Sie mir all das *glauben*. Aber ich *weiß*, dass Ihnen Ihre eigene Erfahrung zu gegebener Zeit Gewissheit über all diese Vorgänge bescheren wird. Es ist die alte Geschichte: Diejenigen, die Bescheid *wissen,* brauchen nicht mehr zu diskutieren, und mit denen, die noch nicht Bescheid wissen, kann man logischerweise nicht diskutieren, weil sie die Erfahrung noch nicht gemacht haben. Aber zu Ihrer Beruhigung sei Ihnen noch einmal versichert, dass auch diese zum Gähnen müßigen Talkshow-Konfrontationen sich innerhalb des ersten Drittels dieses Jahrhunderts für immer erledigt haben werden.

Woher ich das weiß?

Wir müssen wach sein … Es gibt ein Wachsein während des Schlafens. Da erfährt man viel …

Nein, das können Sie nicht in einem Kurs lernen, sondern nur durch ein Hineinreifen in Ihre Lebens- und Schlafgewohnheiten. Die Bereitschaft zum vollkommenen Loslassen ist der Schlüssel, genauso wie der angstlose Umgang mit dem Thema Tod. Und auch das zweifelsfreie Wissen über die Zusammenhänge der Vorgänge und über die Gesetzmäßigkeiten, nach denen sie sich gestalten, wird Ihnen weiterhelfen.

Das angstlose Üben könnte eigentlich deswegen so leicht erprobt werden, weil wir uns während unserer Schlafenszeit *nicht* am Ort des Geschehens, also am Schauplatz unseres Lebens und unseres Schicksals befinden, die Ereignisse sich aber weiterhin dort abspielen, ungeachtet der Tatsache, dass wir nicht an ihnen teilnehmen. Dennoch fügen wir uns beim Erwachen am nächsten Morgen mit allem, was unser Leben ausmacht, nahtlos wieder in den Lauf der Ereignisse ein, die sich dann wie ein kurzfristig beiseite gelegter Mantel wieder um uns legen. Ist uns dadurch etwas, das unser Wesen ausmacht, genommen worden oder abhanden gekommen?

Während Sie schlafen, »kümmert« sich Ihr Körper mühelos um sich selbst, wofür er, dank Ihrer Abwesenheit, wesentlich weniger Energie verbraucht als während Ihrer Wachphasen, in denen er dauernd Dinge tun muss, die er, genau besehen, eigentlich überhaupt nicht tun will. Der Körper als rein physisches Wesen käme beispielsweise nie auf die Idee, in ein Fitnessstudio zu gehen und dort auf Laufbändern zu rennen. So schnell würde er sich nur bewegen, wenn es für das Erlegen von Beute notwendig, also lohnend wäre. Auch käme er nicht auf die Idee, stundenlang auf leeren Blättern irgendwelche Hieroglyphen zu hinterlassen oder auf die Tastatur eines Computers einzutrommeln (also beispielsweise ein Buch zu schreiben), denn das riecht für ihn nicht nach Beute oder Ausruhen. Und alles andere, außer der Erhaltung seiner Spezies, der Verteidigung seines Reviers und der Gewährleistung seiner Sicherheit, interessiert den Körper eher weniger. Nicht so das Geistwesen Mensch, das ihn samt seiner Ideen und Ideale für sich in Anspruch genommen und umfunktioniert hat.

Der Schlaf ist das einzige Refugium, das wir unserem armen, geschundenen irdischen Leasingobjekt Körper zugestanden haben. Hier geben wir ihm keine widernatürlichen Befehle und zwingen ihn nicht unter einen Willen, der ihn zu unaufhörlichen Taten treibt, die (fast immer) nur seinem Benutzer dienen.

Würden Sie zugeben, dass der Schlaf, diese »stille Kammer, wo wir des Tages Jammer vergessen können«, wie es Matthias Claudius so schön sagte, etwas ganz Wunderbares ist, in das wir uns genussvoll hineinbegeben können und das uns verzweifeln lässt, wenn es uns scheinbar nicht einlassen will?

Warum, um Gottes Willen, gibt es dann diese Angst vor dem letzten Loslassen? Oder Schlafstörungen? Ich nenne diese beiden nicht ohne Grund in einem Atemzug, denn wer sich nicht in Morpheus Arme fallen lassen kann, hat Angst vor dem großen Loslassen des Lebens, hat kein Vertrauen in die Wiederkehr und keine Gewissheit seiner geistig-seelischen Unsterblichkeit. Die angeblichen Schlafverhinderer Stress, Sorgen, Kummer und Unruhe, aber auch das berühmte Hochschrecken beim Einschlafen sind nichts anderes als die Unfähigkeit, das Gewesene gedanklich loszulassen (Vorsicht, Treiber!), weil man Angst hat, auch noch die letzte Kontrolle zu verlieren.

Wie man diesem Teufelskreis entkommt

Nein, nicht lesen oder Tee kochen oder fernsehen …

Sondern stur, zur immer gleichen Zeit zu Bett gehen, Dunkelheit herstellen und eisern liegen bleiben.

Wenn Gedanken kommen: »Kroklowafzi semememi …«, denken, nichts anderes. Oder eben das, was Sie als sinnloses Denkkonstrukt für sich selbst entworfen haben. Durchhalten!

Keine Schlafmittel nehmen! Denn Schlafmittel machen Sie zu Betrunkenen in den geistigen Räumen, in denen Sie sich während des Schlafes befinden. Und mit Betrunkenen will man sich hier wie dort nicht abgeben, abgesehen von den Wesen, die wissen, dass sie uns in diesem Zustand bestens ausnehmen können, ebenfalls hier wie dort.

Krankheit und Schmerzen sind die Ausnahme. Niemand *muss* sich mit Schmerzen herumquälen, die mit geeigneten Mitteln gelindert werden können. Der alttestamentarische Gott, der das Elend und die Schmerzen seines Untertans Hiob wohlgefällig als Prüfung entgegennahm, wurde, wie sich noch immer nicht allgemein herumgesprochen hat, vor zweitausend Jahren von Christus abgelöst. Ab sofort gilt nicht mehr »Auge um Auge, Zahn um Zahn«, sondern »Liebe deinen Nächsten« und »Was du dem geringsten meiner Brüder getan hast, das hast du mir getan.« Und der nächste Bruder ist in diesem Fall der leidende Körper. Auch das ist eine Form des Loslassens!

Versuchen Sie doch heute Abend Ihr Einschlafen zu beobachten. Nicht denken! Sondern einfach empfindend wahrnehmen, wie das, was Sie als Ihr »Ich« bezeichnen, hinwegsinkt in ein scheinbares Nichts, in eine sanfte dunkle Wolke.

Logischerweise sind dieser Betrachtung Grenzen gesetzt, weil die Beobachtung das Aufzeichnungswerkzeug Ihres Gedächtnisses ist, das, wie bereits beschrieben, in Ihrem physischen Körper verankert ist wie ein Schiff im Hafen. In Ihrer letzten Stunde werden Sie das vorher beschriebene Hinwegsinken ähnlich wie beim Einschlafen erleben, aber Ihr Bewusstsein wird den Vorgang dieses Mal mit völlig wachem Interesse beobachten. Warum?

Weil Sie Ihr Gedächtnis »mitnehmen«, das sich wie alles, was Ihr Wesentliches ausmacht, der irdischen Hülle entzieht. Während dieses letzten »Reibungsvorgangs« entsteht auch der berühmte und oft beschriebene »Lebensfilm«, der sich Ihnen als umfangreiche Bilderfolge präsentieren wird, ähnlich wie beim umgekehrten Vorgang des Wiedereintretens Ihres Geistkörpers vor jedem Erwachen. Dieses berühmte »Hinwegsinken« in eine andere Welt wird sich Ihrem Charakter gemäß gestalten. Wenn Sie während Ihrer irdischen Existenz davon überzeugt waren, dass Sie unersetzlich und unverzichtbar sind und dass alles nur funktioniert, wenn es von Ihnen kontrolliert wird, könnte sich Ihr Abschied von dieser Welt schwieriger gestalten, als es Ihnen und Ihrer persönlichen Umgebung lieb sein wird.

Während ich dieses Buch schrieb, starb eine meiner engsten Freundinnen. Wenige Tage, bevor sie ging, wurde ich angerufen und gebeten zu kommen. Ich ließ also den Stift fallen, rannte zum Flughafen und setzte mich in die nächste Maschine. Während des Fluges hatte ich genug Zeit nachzudenken. Ich hatte meine Freundin vor dreißig Jahren kennengelernt, und zwar als das, was man eine Despotin nennt. Sie hatte eine Art, ihre Umwelt mit mehr oder minder sanfter Gewalt herumzukommandieren, die mich staunen machte. Ich staunte weniger darüber, wie sie das tat, sondern mehr, wie die Leute darauf reagierten. Entweder sie regten sich auf und mieden sie, oder sie fügten sich ihrem Regiment. *Wie* diejenigen, die sich ihrem Regiment fügten, das taten, war bemerkenswert. Die einen krochen, die nächsten unterwarfen sich aus irgendwelchen Überlegungen mehr oder weniger widerstandslos, und wieder andere ließen sie einfach gewähren und machten nur so weit mit, wie es ihnen passte. Und dann gab es noch ein Häuflein, das nur scheinbar mitmachte, weil es die Einsamkeit dieser Frau erkannte und ihre Ängste durchschaute und – sie einfach nur lieb hatte. Ich hatte sie sehr lieb. Also wollte ich am Ende ihres Lebens bei ihr sein, und irgendwie war mir klar, dass dieses Ende erst kommen konnte, wenn ich an ihrer Seite war. Als ich bei ihr zu Hause ankam, lag sie in ihrem Bett, umgeben von Pflegerinnen und unfähig zu beinahe allem, was einen aktionsfähigen Menschen ausmacht. Aber sie erkannte mich, brachte ein Lächeln zustande und sprach sogar einige wenige Worte.

Ich saß Tag und Nacht bei ihr, fütterte sie, las ihr vor, erzählte ihr unsere alten Geschichten und massierte ihre Hände. Am vierten Tag, als wir allein waren, streckte ich mich neben ihr aus, nahm sie in den Arm und sagte: »Du musst keine Angst haben. Du wirst sie alle wiedersehen, die Eltern, deinen Mann, deine Freunde. Die stehen schon alle bereit zum Empfang. Freu dich und grüß sie bitte. Hör mal: Du warst doch immer eine elegante und selbstständige Frau. Und jetzt schau mal – das bist doch nicht mehr du! Das willst du doch gar nicht mehr haben, oder?«

Da drehte sie den Kopf, ganz langsam, und schaute mich mit einem Blick an, dass ich dachte, jetzt zerreißt es mir das Herz.

Ich umarmte sie noch inniger und sagte: »Ich bin bei dir und ich geh auch nicht weg, bis ich sehe, dass du dich traust. Und hoffentlich trau ich mich dann auch zur rechten Zeit, und wehe, du holst mich dann nicht ab!«

Da lächelte sie ein letztes Mal und schlummerte ein bisschen ein. Wenige Stunden später fing der typische Atem des Sterbens an und in ihr Gesicht traten die Zeichen des Abschieds. Ganz ruhig. Ganz sanft. Da war nichts Angespanntes und nichts Verkrampftes, das unbedingt noch festhalten wollte, sondern nur Liebes. Und die Sicherheit, dass es gut ist, dass alles gut ist.

Ich bin übrigens sicher, dass sie mich abholen wird. Genau so wie meine Alena, mit dem Lied »Open the door« und noch einige andere, wie ich hoffe.

Ganz anders spielte sich das Ableben der Schriftstellerin Sandra Paretti ab. Sie wusste, dass sie todkrank war, und wollte auf ein langsames Sterben verzichten. Sie plante ihren Abgang mit einer solchen Bewusstheit und Perfektion, dass ihr meine Bewunderung bis zu meinem eigenen Ende sicher ist. Sie veranstaltete ein wunderschönes Fest für ihre ahnungslosen Freunde, verabschiedete sich nach Mitternacht auf französische Art, legte sich elegant gekleidet auf ihr Bett und ließ sich von den berühmten Herren der Schweizer Sterbehilfe ins Jenseits befördern. Am nächsten Morgen konnte man die von ihr selbst verfasste Todesanzeige in der Zeitung lesen.

Auf dieselbe Weise, vielleicht nicht ganz so spektakulär, aber ähnlich entschlossen, verabschiedete sich der Schauspieler Herbert Fux kurz vor seinem 80. Geburtstag. Auch er sah keinen Sinn darin, langsam dahinzusiechen.

Darf man das? Im Ernst, das kann doch nicht die Frage sein!

Wo, bitte, steht denn geschrieben, dass man, voll gestopft mit Medikamenten, in Windeln liegend und unfähig, allein den

Löffel zu halten, dahinvegetieren muss, bis der Körper nicht mehr kann? Wir haben bis jetzt von Menschen gesprochen, die alle nicht in der Blüte ihrer Jugend von dieser Welt gegangen sind, die im Vollbesitz ihrer geistigen Kräfte waren und den Tod als Erlösungshelfer empfanden. Trotzdem steht geschrieben: Du sollst nicht töten! Das bedeutet: Du sollst niemanden gewaltsam und gegen seinen Lebensanspruch ermorden!

Also, wenn es etwas gibt, das den Menschen zu seiner höchsteigenen Verwaltung gegeben wurde, dann ist es *sein Schicksal* und damit *sein Leben*.

Jede lebensverlängernde Maßnahme, die gegen den Willen eines Menschen eingesetzt wird, ist ein illegaler Übergriff in einen Entscheidungsbereich, der für jeden Außenstehenden tabu ist.

Entgegen zahlreicher anders lautender Behauptungen sei hier gesagt: *Jedes* Menschenleben ist selbst gewollt und durch *eigene* Entscheidung bewirkt worden. Es liegt im Wesenhaften des Menschen, sich für die Geburt in einem physischen Körper zu entscheiden, und als Ich-begabtes und wahlfähiges Geschöpf kann er auch entscheiden, ob er das natürliche Ende des Lebens erleben will oder nicht. Das ist *keine Meinung*, sondern Logik. Und eine reine Privatsache zwischen dem Menschen und seinem Gott, wie immer dieser für ihn auch gestaltet sein mag.

Sie selbst entscheiden doch auch, *wie* Sie begraben werden möchten. Und Sie haben bestimmt, wie Sie Ihr Leben verbringen wollten, auch wenn dieser Fakt vielen von uns nicht bewusst sein mag. Und wenn Sie Ihre Organe spenden wollen, dann tun Sie das, ob es dem Staat, der Familie oder auch mir gefallen mag oder nicht. Alles andere ist fremde Meinung, Erfahrung und Ansichtssache, die Sie sich anhören können, wenn Sie Lust dazu haben.

Haben Sie gerade Lust?

Sonst überblättern Sie bitte diese und die nächste Seite, denn es muss zu dem Thema etwas gesagt werden, das nicht neu ist, aber zu meiner Verwunderung immer noch nicht allgemein bekannt: Organe werden Ihnen entnommen, solange Sie noch leben. Wenn es eine Niere ist, können Sie sogar weiterleben. Bei allen anderen Organen ist das leider nicht möglich.

Es geht in Wirklichkeit aber gar nicht um Leben, Weiterleben und Lebenlassen, sondern um unser unsägliches Unwissen über Leben und Tod. Solange wir uns scheinbar gewiss sind, dass unser momentanes Leben unser erstes und letztes ist, sind sämtliche lebensverlängernden Eingriffe für uns selbst und andere verständlich und erklärbar. Aber auch der fahrlässige und verantwortungslose Umgang mit »Menschenmaterial« – sowohl an den momentanen Kriegsschauplätzen als auch in der Arbeitswelt und im Privatleben – erscheint dann in einem anderen Licht. Denn wenn nichts Besseres nachkommt, halten wir es am liebsten mit dem bekannten Unglück, das sich dann ungefähr so darstellt: Da sitzen sich die Leute in Büros krumm und bucklig gegenüber, starren sich an Computern die Augen blind, dröhnen sich die Körper mit Alkohol und Drogen voll und rasen sich mit viel zu schnellen Autos zu Tode. Die Funk- und Mikrowellen verschiedenster technischer Geräte schädigen das Nervensystem und die Gene, genmanipulierte Lebensmittel und künstliche Zusatzstoffe tun ihr Übriges, und dann wird großartig über Wellness und Gesundheit parliert.

Wir sind dermaßen überlastet und so vielen schädlichen Einflüssen ausgesetzt, dass es mich wundert, dass nur die Hälfte meines Freundes- und Bekanntenkreises Herzanfälle erleidet und an Krebs stirbt. Glauben Sie wirklich, dass die Kinderkrebsstationen so gut gefüllt sind, weil die Kinder »halt krank« sind? Hartes Schicksal eben, da kann man nichts machen, nicht wahr? Ich habe noch nie so viele asthmatische, hautgeschädigte, nervöse, immungeschwächte und kommunikationsgestörte Kinder erlebt wie in den letzten vier Jahren. Und es werden immer mehr.

Und da fragen Sie mich, was man loslassen könnte?! Wir nehmen diese Schädigungen so gottergeben hin, als wäre alles, was geschieht, eine unabwendbare Moira, ein Geschick, gegen das man nichts tun kann, außer sich gegen die Folgen zu wehren wie bei einem Erdbeben. Nur – bei diesen Mängeln kann nichts mehr repariert werden, und wenn doch, dann nur noch mangelhaft.

Haben Sie die erhebende Geschichte vom Winter 2008 noch in Erinnerung, wo sich ein Arzt feiern ließ, der es geschafft hatte, ein ertrunkenes Kind nach 15 Minuten »endlich« erfolgreich zu reanimieren? Das Kind liegt jetzt als lebenslang Schwerstbehinderter zu Hause, kann nichts, was eines Menschen würdig ist und wird aufopferungsvoll gepflegt. Nicht von dem Arzt. Der hat es ja gerettet!

Und niemand steht auf und sagt, dass jetzt Schluss sein muss mit diesen Verbrechen.

Leben ist kostbar! Und eben deswegen muss es auch im Notfall losgelassen werden, weil der Mensch ein Recht auf Lebenswürde hat. Und weil wir kein Recht haben, ihm dieses Recht zu nehmen! Egal, ob der Mensch drei, zwanzig, fünfzig oder neunzig Jahre zählt! Nie habe ich das enger und bedrückender erlebt als damals, als mein Schwager mit 63 Jahren einen Herzinfarkt erlitt und nach sieben Minuten reanimiert wurde. Der Schmerz, diesen hochintelligenten, edlen Akademiker als unkontrolliert zuckendes, sprechunfähiges, von Anfällen gequältes Bündel erleben zu müssen, hat die ganze Familie traumatisiert. Unsere Gebete wurden Gott sei Dank erhört, und er starb nach drei Monaten an Lungenentzündung.

Warum schreibe, erzähle ich das so insistent?

Ich möchte Sie um etwas bitten. Sollten Sie jemals gezwungen sein, so etwas miterleben zu müssen, dann lassen Sie sich nicht durch Ihr Wollen, Ihren Schmerz und Ihre Unfähigkeit loszulassen dazu verleiten, einem anderen Menschen solches Leid zuzufügen. Und hindern Sie notfalls auch andere daran, die vielleicht im besten Glauben Leben erhalten wollen, das keines mehr ist.

Bewusstes Sterben

Wir haben etwas vollkommen verlernt beziehungsweise aus unserem Bewusstsein gestrichen, nämlich das bewusste Sterben. Jeder von uns, wir alle kommen im Laufe unseres Lebens an zwei bis drei Todespunkte, wo wir entscheiden können, ob wir das »Spiel« beenden wollen oder es vorziehen weiterzumachen. Ich kann Ihnen das Erfühlen dieser Möglichkeiten leider, leider weder beschreiben noch beibringen. Doch so viel sei gesagt: Diese Momente sind eine Gnade, keine Strafe.

Es waren immer nur die Menschen, die aus dem Tod eine Strafe gemacht haben.

Sollten Sie einen sehr guten Astrologen kennen und Ihre genaue Geburtszeit wissen, könnten Sie den ungefähren Zeitrahmen der Todespunkte sogar feststellen lassen. An diesen Todespunkten öffnen sich bezeichnenderweise auch immer die Tore für neue Lebensperspektiven. Das »Stirb und Werde« ist vielschichtiger, als man denkt.

Viele Indianer beherrschen bis heute die Kunst, sich nach Gefühl zum Sterben zurückzuziehen und ihre Seele aus dem Körper zu entlassen. Seltsamerweise erzählte mir das ein Aztekennachkomme ausgerechnet in Wien, wo eine ganze Gruppe mexikanischer Tänzer für die Rückgabe einer Federkrone demonstrierte, die sich im dortigen Völkerkundemuseum befindet. »Erhebe deine Seele und dein Herz, gib deinen Geist frei und lass ihn fliegen wie einen Vogel. Sei fröhlich, wenn du deinen Körper verlässt, denn du wirst so wiedergeboren, wie du zuletzt gedacht und gefühlt hast.« Ja, so einfach ist das oder könnte es sein, wenn man gelernt hätte, besser mit sich selbst umzugehen.

Wir haben stattdessen gelernt, die Meinungen anderer anzunehmen, statt Antworten in uns selbst zu finden. Und das gilt auch für alles, was mit dem Tod und unserer Existenz nach dieser größten aller möglichen »Wohnungsauflösungen« zu tun hat. Da es sich nicht mit der modernen Abgeklärtheit verträgt, sondern als peinlich und lächerlich gilt, an ein Weiterleben als geistiges Wesen zu glauben, haben wir das, was ich als übersinnlichen Instinkt bezeichnen möchte, lange kaltgestellt und uns an der Aussage orientiert, dass ja noch keiner jemals von »drüben« zurückgekommen sei, um über die dortigen Befindlichkeiten zu berichten. Das stimmt nicht.

Nahtoderlebnisse

Ich besitze ein Betamax-Dokument, auf dem mehrere Menschen, die nachweislich klinisch tot waren und ins Leben zurückgeholt wurden, sehr wohl berichten, was sie nach ihrem letzten Atemzug erlebt haben. Sie alle beschreiben übereinstimmend einen Gang durch einen Tunnel und das Wiedersehen mit verstorbenen Angehörigen.

Mein Lieblingsbeispiel ist jedoch nach wie vor das Erlebnis des Architekten Stefan von Jankovich, der nach einem grauenvollen Autounfall einen fünfeinhalb Minuten dauernden

Herzstillstand hatte und von einem Arzt gerettet wurde, der sich zufällig auch in der Autoschlange befand. Ich kannte Herrn von Jankovich gut und schätze die nüchterne Beschreibung seines Nahtoderlebnisses, das sein Leben völlig veränderte und in ihm den Wunsch weckte, anderen Menschen seine Erfahrung weiterzugeben. Er berichtet nicht nur von den Vorgängen während dieser Zeit, sondern spricht auch über die Gefühle, die er hatte, als er durch eine neuartige Herzspritze wieder in seinen Körper zurückgerufen wurde. Von Jankovich war intelligent, technisch gebildet und zum Zeitpunkt des Unfalls völlig gesund. Er hatte auch keine Medikamente eingenommen, die irgendwelche Halluzinationen hätten hervorrufen können. Auch litt er nicht unter dem berühmten »Sauerstoffmangel im Gehirn« (das allseits verwendete Gegenargument), da er über die ganze Dauer seines Ausflugs vom eigenen Körper, von der ersten bis zur letzten Sekunde, völlig klar berichtete und auch anschließend keinerlei Schäden erkennen ließ.

Eine Nahtoderfahrung ist übrigens immer eine persönliche Sache und *kann* deswegen nicht in *allen* Punkten mit den Schilderungen anderer Personen übereinstimmen. Sie ist aber durchaus in der Lage, den Heimgang für andere Menschen angstloser und leichter zu gestalten.

Dazu sei ein berühmter Satz meiner längst verstorbenen Erzieherin, Schwester Evangelista, angeführt, die sich zum Thema »Leben nach dem Tod« wie folgt äußerte: »(Also weischt, Gerrtrutt ...) Wenn das stimmt, dann ist das doch ein schöner Gedanke, und wenn nicht, dann spielt es sowieso keine Rolle, was ich gedacht habe, sollte ich nachher nicht mehr existieren!« Und nach diesem Statement kam die finale Ansage: »Außerdem weiß ich, dass ich bei Gott sein werde, und was brauch ich mehr?«

Loslassen und Heimgehen

Das letzte Loslassen, von dem wir bereits festgestellt haben, dass es der Schlusspunkt eines lebenslangen Loslösungsprozesses ist, kann ein stilles Fest sein, aber auch der reinste Horror. Das kommt auf die Begleiter und auf den Sterbenden selbst an.

Das Schlimmste, was einem scheidenden Menschen passieren kann, sind jammernde und klagende Freunde oder Angehörige, die auch noch glauben, der Sterbende könne sie nicht mehr hören. Wenn Sie schon einmal einen Heimgang im Krankenhaus mitgemacht haben, bei dem der Patient an die berühmten Kontrollapparate angeschlossen war, dann werden Sie wohl bemerkt haben, dass der stetig sinkende Blutdruck in dem Moment wieder sichtbar ansteigt, wenn der Patient angesprochen wird.

Es ist wohl klar, dass alles, was nicht einer liebevollen und beruhigenden Begleitung entspricht, den Heimgang nicht nur verzögert und erschwert, sondern auch die Seele belastet! Oft gehörte Sätze wie: »Was sollen wir denn ohne dich nur anfangen? Lass uns (mich) nicht allein!« oder gar (wie tatsächlich gehört!): »Hans, sag uns, wo das Testament ist«, gehören nicht in ein Sterbezimmer. Und wenn zu Lebzeiten kein kirchlicher Beistand erwünscht war, dann lassen Sie dem scheidenden Menschen bitte auch in den letzten Stunden seines Lebens seinen Willen und drängen Sie ihm die Sakramente nicht auf. Auch im umgekehrten Fall zählt Ihre Meinung nicht. Selbst wenn Sie noch so ein überzeugter Atheist sind, richten Sie sich bezüglich des kirchlichen Beistands nach dem Anspruch und Willen des Sterbenden.

Wenn ich nicht x-mal erlebt hätte, wie Angehörige ihre persönlichen Vorstellungen sowohl im Sterbezimmer als auch beim Begräbnis gegen den letzten Willen des Toten durchgesetzt haben, würde ich kein Wort darüber verlieren. Und noch etwas: Wenn ein Verstorbener eine Person sein Leben lang nicht mochte, dann hat diese Person auch am letzten Lager *und* beim Begräbnis nichts zu suchen. Entgegen so mancher landläufigen Ansicht versichere ich Ihnen, dass man seinen letzten Abschied gern mit den Leuten feiern will, die man auch zum Geburtstag eingeladen hätte.

Und wenn jemandes Lieblingsstück der Donauwalzer war oder die Moldau von Smetana oder meinetwegen auch der Erzherzog-Johann-Jodler, dann lassen Sie bitte diese Stücke spielen und nicht irgendwelche indische Meditationsmusik, an der schon zu Lebzeiten kein Bedarf geherrscht hat.

Ich werde nie das Begräbnis einer wirklich zu Recht verhassten Person vergessen, wo die Angehörigen die ganze Trauerfeier als Moment der Wahrheit nutzten. Ich sage nur: Zigeunerkapelle und Champagner! Und der ahnungslose Pfarrer las eine Rede vom Blatt ab, die eine nicht zu übersehende Heiterkeit der wissenden Trauergemeinschaft bewirkte. Auch die Todesanzeige war nicht ohne: »Nun schweigst du für immer. In tiefer Dankbarkeit! Gisela S. im Namen aller Angehörigen.«

So weit sollte es nicht kommen, denn was diese Hinterbliebenen nicht berücksichtigt haben: Sie treffen diese Person in der kommenden Existenz wieder! Und wenn sie Pech haben, sogar als Angehörige oder in ihrem nächsten Umfeld. Warum? Weil nichts so sehr aneinanderbindet wie Hass, Vorwürfe und Rachegedanken. Gleich und gleich gesellt sich nicht nur gern, sondern folgt über Jahrhunderte und über Inkarnationen hinweg einer magnetischen Anziehungskraft, die dafür sorgt, dass sich das absolut Entsprechende auch ganz bestimmt nicht verfehlt. Das kann ein Segen, aber auch eine Strafe oder eine Gelegenheit zur Bereinigung der Missverhältnisse sein.

Erinnerungen an andere Leben

Ebenso wenig, wie wir uns an Vorgänge während unserer Schlafenszeit erinnern können, stehen uns auch während unserer Erdenleben (normalerweise) keine Gedächtnisbilder aus früheren Existenzen zur Verfügung, weil sich das Speicherorgan, welches Erlebnisse bewahren kann, erst mit dem wachsenden Körper im jeweiligen irdischen Dasein herausbildet. Wirklichen Zugang zu früheren Verkörperungen bekommt man deswegen nur über Vermittler, die einen Weg finden, diesbezügliche Informationen aus dem so bezeichneten Weltengedächtnis (*Akasha*) zu erhalten, das man sich wie ein allumfassendes kosmisches Speichermedium vorzustellen hat.

Es wird vielen Lesern vielleicht nicht gefallen zu hören, dass Verstorbene sich nicht in unserer Weise »erinnern«, sondern nur imstande sind, auf das momentane Geschehen zu reagieren, was die Open-the-door-Geschichte vollends verständlich macht. Dafür sind sie imstande, zukünftige Entwicklungen zu erkennen, was sie aber nur unter größeren Schwierigkeiten an uns weitervermitteln können – und wollen. Nicht, weil sie nicht interessiert wären, sondern weil das gesamte Verstehen und Denken von Geistwesen völlig anders abläuft als unser eigenes. Solange wir in unseren normalen Denkvorgängen verharren, ist ein wirklicher Konsens nicht möglich. Wohl aber, wenn wir lernen, diese loszulassen, wie ich es im fünften Kapitel in Zusammenhang mit dem absichtslosen Denken beschrieben habe.

Ich weiß nicht, wie viele Hinterbliebene ich in den letzten dreißig Jahren getroffen habe, die unbedingt noch einmal mit ihren Verstorbenen reden wollten. Und hätte ich meine Erklärungen, warum dies bei allem Verständnis und Mitgefühl besser zu unterlassen ist, jedes Mal mitgeschrieben, wäre ich als

Buchautorin schon im *Guinness Buch der Rekorde.* Nur so viel: Jeder Mensch, der eben sein irdisches Leben beendet hat, findet sich zwar in durchaus vertrauten Gefilden wieder, aber wir dürfen nicht vergessen, dass er vorher manchmal mehr als hundert Jahre in anderer Umgebung in einem Körper aus Fleisch und Blut verbracht hat und deswegen ähnlich unsicher ist wie Sie, wenn Sie nach langen Jahren ununterbrochenen Aufenthalts in der Fremde auf Heimaturlaub sind. Die Umstellung ist gewaltig und fordert alle Kräfte für die Anpassung. Nichts ist in dieser Phase, die bis zu zwei Jahre dauern kann, schlimmer als kontaktsuchende Freunde und Verwandte, die konkrete, auf das Weltliche bezogene Fragen stellen wollen. Abgesehen davon, dass solche Fragen sowieso nicht beantwortet werden können, weil das irdische Gedächtniskontingent nicht mehr relevant ist, muss auch gesagt werden, dass sich die generellen Perspektiven des Verstorbenen zu diesem Zeitpunkt bereits stark verschoben haben und er zu vielem gar keinen Bezug mehr herstellen kann. Die Nennung der Nummer des heimlich geführten Schweizer Bankkontos ist aus dieser Quelle also ebenso wenig zu erwarten wie das Kennwort zum Öffnen des Schließfachs.

Manche Hinterbliebenen fühlen sich durch den Tod des Partners um Lebensqualität betrogen und hadern sowohl mit ihm, als auch mit dem uneinsichtigen Gott, der so etwas zugelassen hat, während andere wahre Hausaltäre errichten und Grabrituale abhalten, um das Andenken des Verstorbenen zu wahren und zu ehren. Es nützt nichts, ihnen zu sagen, dass die Einzigen, die davon vielleicht noch etwas haben könnten, sie selber sind und dass sie sich damit eigentlich nur beweisen wollen, dass sie selbst noch leben. Es nützt aber durchaus etwas, ihnen das zu sagen, was Sie jetzt lesen werden:

Was immer in Ihrem Leben geschehen wird, Sie können sicher sein, dass Sie keinesfalls dereinst in einem unbeschreibbaren Nichts verloren gehen. Und Sie können auch sicher sein, dass Sie alles wiederfinden werden, was Ihnen wirklich wichtig ist. Und das Schönste daran ist, dass Sie dafür rein gar nichts zu tun brauchen, denn es geschieht von ganz allein.

So, wie Sie heute mit diesem Buch in der Hand dasitzen, werden Sie allerdings nie mehr geboren. Das braucht Sie aber in keiner Weise zu beunruhigen, denn es droht keine Verschlechterung, sondern nur Veränderung, die wir vertrauensvoll und fröhlich geschehen lassen und mitmachen können, weil wir wissen, dass wir unverzichtbare Mitspieler in einer riesigen Aufführung sind, in der wir die Rollenverteilung durch unsere Erkenntnisfähigkeit und Reife mitbestimmen können. Das »arme Würstchen« ist eine ebenso oft verteilte Charge wie der Part des sprichwörtlichen »Überfliegers«. Es kommt ganz darauf an, wie Sie die Rolle gestalten, die Ihnen in Ihrem Schicksalsplan zugedacht wurde. Haben wir nicht selbst schon oft erlebt, dass die Nebenrolle den Oscar abkassierte, während der erwartungsvolle designierte Hauptdarsteller das Nachsehen hatte? Ganz abgesehen davon: Ein Oscar-Gewinner trägt durchaus nicht immer auch die Galoschen des Glücks.

Nach einer mehr als zwei Jahre lang durchgeführten und eben veröffentlichen Studie des britischen Magazins *New Scientist* leben die glücklichsten Menschen der Welt (man höre und staune!) in Nigeria, Mexiko, Venezuela, El Salvador und Puerto Rico, während sich die Bewohner Rumäniens, Russlands und Armeniens als Antipoden geoutet haben. Die Studie gipfelt in den Feststellungen, dass unser Streben nach materiellen Gütern eine »Glücks-Bremse« ist und dass Geld *nicht* glücklicher macht. (Wer hätte das gedacht?!) Die letzte Behauptung beruht auf der Tatsache, dass sich das Einkommen der Bewohner der Industriestaaten seit dem Zweiten Weltkrieg verdoppelt hat, nicht aber ihr Glücksempfinden.

Leider haben wir im Deutschen keine der in anderen Sprachen üblichen Differenzierungen des Begriffs »Glück«. Das Englische beispielsweise bedient sich der Bezeichnung *luck,* wenn es sich um einen Glücksfall der materiellen Art handelt. Das Glück des Herzens wird dagegen *happiness* genannt. Mir scheint, dass wir das Streben nach *luck* wesentlich einschränken müssen, um *happiness* zu erlangen. Doch solange wir zutiefst davon überzeugt sind, dass der Weg zu *happiness* nur über *luck* führt, werden wir sicher keine glücklichen »Nigerianer« werden.

Wann bezeichnen wir denn jemanden als *lucky*? Ich sage es Ihnen: Wenn er/sie wohlhabend ist (Besitz), wenn er/sie berühmt und mächtig ist (Ruhm/Macht) oder wenn er/sie begehrenswert erscheint und sich mit erfolgreichen Partnerschaften schmücken kann (Sex). Gibt es uns nicht zu denken, dass es sich genau um die Bereiche handelt, die unser tatsächliches Glück – *happiness* – in Wirklichkeit verkleinern?

Wie viel Loslassen ist nötig, um unbeschwert leben zu können? Und wie viel Festhalten brauchen wir, um nicht den Boden unter den Füßen zu verlieren?

8. KAPITEL

Völlig losgelöst und trotzdem voll da

Es war das schönste Wochenende seit Langem. Der Himmel war blau, kein Laut war zu hören und kein einziger Flugzeug-Kondensstreifen trübte dieses unerwartete Glück.

Es war das grässlichste Wochenende seit Langem. Auf den Flughäfen der Welt saßen Tausende von Flugreisenden fest und konnten nicht zurück nach Hause, weil die Luftfahrt vor einem speienden Vulkan kapitulieren musste.

Eine einzige, allerdings ziemlich große Aschewolke stoppte das Weltgeschehen. Kongresse wurden abgesagt, Geschäftstermine kamen nicht zustande, Firmenzusammenschlüsse wurden verschoben, und die Bahn machte den größten Umsatz seit ihrem Bestehen. Dasselbe tat ein Taxifahrer aus Sevilla, der eine Gruppe deutscher Geschäftsleute für einen vierstelligen Betrag zurück in ihre Heimat fuhr. Er wird bestimmt nicht der einzige »Umstandsgewinnler« gewesen sein!

Mich würde interessieren, wie viele von denen, die an ungewohnten Orten festgehalten wurden, etwas erleben durften, was trotz oder auch wegen der misslichen Lage ihr Leben für immer verändert hat. Im Guten wie im Schlechten.

Da sind sie wieder, unsere fünfzig Prozent. Es kann geschehen, was will. Immer wird sich die eine Hälfte der Menschheit fügen, wird versuchen, das Beste daraus zu machen und einen Nutzen daraus ziehen, während der Rest sich lauthals beklagen und dem Geschehen widersetzen wird, um sich dann in sinnlosen Aktionen zu ergehen und zuletzt erschöpft darniederzusinken.

Hat sich ein Mensch in den vielen Flughäfen und vor den zahllosen Fernsehgeräten gefragt, was das Vorkommnis zu *bedeuten* hat, und zwar für ihn ganz persönlich? Wir wissen es doch längst: Alles, was geschieht, ist ein Zeichen.

Wenn Sie mich jetzt fragen, was der Ausbruch des Eyjafjallajökull-Vulkans im Mai 2010 für eine tiefere Bedeutung hat, kann ich nur antworten, dass ich keine Ahnung habe. Denn wir selbst sind es, die den Ereignissen ihre/unsere Bedeutung beimessen.

Es soll Leute geben, die den Fall der Berliner Mauer 1989 überhaupt nicht mitbekommen haben und erst Tage danach äußerst erstaunt die Veränderung zur Kenntnis nahmen.

Ich besitze in meiner Sammlung außergewöhnlicher Postkarten ein Exemplar mit folgendem Text: »*Leserbrief*: Wir finden es überhaupt nicht erstaunlich, dass Herr Harrer ein tibetisches Dorf aufgefunden hat, in dem seit drei Generationen kein Europäer mehr gesehen wurde. Wir haben hier in Castrop-Rauxel seit 16 Generationen keinen Tibeter mehr gesehen.« So verschieden werden die Dinge des Lebens beurteilt!

Das Gewicht, das wir Ereignissen geben, wird von unserm Bewusstsein eingeschätzt, und die Ereignisse selbst bekommen in unserer persönlichen Erinnerungsbibliothek ganz unterschiedliche und völlig individuelle Plätze. Je eindrücklicher wir etwas erleben, desto prominenter wird die Platzierung ausfallen. Und desto schwerer wird es für uns, den betreffenden Eindruck wieder loszulassen.

Sicher kennen Sie das: Je tiefer man in eine Geschichte verstrickt ist und je verbundener man sich mit den Beteiligten fühlt, desto subjektiver beurteilt man sie und desto dringlicher wird das Bedürfnis, sich mit dieser Handlung und ihren Mitspielern zu beschäftigen. In dem Moment, wo Emotionen ins Spiel kommen, reagiert das Gehirn unkontrolliert, ähnlich wie der Körper bei einem hormonellen »Überfall«, wo die hundertprozentige Kontrolle nicht mehr gewährleistet ist.

Erinnern Sie sich noch an meine Empfehlung, die absolute Beobachtung zu üben, die sich von der absoluten Beachtung durch ihre höher gestellte Position und damit den besseren Überblick unterscheidet? Sie verlieren dadurch nicht Boden unter den Füßen. Im Gegenteil, Sie gewinnen eine Ebene dazu, die Ihnen ebenso viel Halt geben kann wie die berühmte Bodenständigkeit. Das einzige Hindernis, das sich Ihnen entgegenstellen kann, sind, wie schon erwähnt, Ihre Emotionen. Es gibt einen Trick, wie Sie diese Querschläger zumindest für kurze Zeit ausschalten können.

- Sorgen Sie eine Viertelstunde lang für absolute Ruhe in Ihrer Umgebung. Schalten Sie das Telefon und sämtliche Geräte wie Radio, Fernsehen und Computer aus.
- Setzen Sie sich bequem auf einen Stuhl, Ihr Sofa oder auf die Küchenbank und stützen Sie Ihre Hände rechts und links von Ihrem Körper auf.
- Schließen Sie die Augen und stellen Sie sich zwei große, nebeneinander stehende, geöffnete Koffer vor.
- Versenken Sie sich nun vollkommen in das Gefühl, in die Emotion, von der Sie gerade betroffen sind. Nicht in den Vorgang! Nur in das Gefühl.
- Geben Sie diesem Gefühl eine Farbe Ihrer Wahl und lassen Sie es in Ihren rechten Arm fließen, bis hinunter in die Hand.

- Versuchen Sie nun das, was Sie als Gefühl in Ihrer Hand spüren, zu ergreifen und werfen Sie es in den linken Koffer.
- Schließen Sie den Deckel und die Schlösser Ihres Koffers und lassen ihn nach links aus Ihrem geistigen Sichtfeld verschwinden.
- Konzentrieren Sie sich dann auf das Erlebnis (nicht auf die Gefühle bitte, weil die ja schon weggepackt sind) und versuchen Sie, die wichtigsten Szenen daraus wie Fotografien festzuhalten.
- Immer wenn Sie ein Bild klar sehen, werfen Sie es in den rechten Koffer, den Sie, wenn schließlich alle »Fotografien« darin verstaut sind, ebenfalls sofort fest verschließen und nach rechts aus Ihrem geistigen Sichtfeld befördern.
- Kreieren Sie nun Ihren eigenen Film, in dem sich jetzt alles so abspielt, wie es Ihrer Ansicht nach für alle optimal wäre, und fügen Sie auch eine Fortsetzung hinzu, die eine befriedigende Lösung sein könnte. Tun Sie das wie ein kühler Filmregisseur, der darauf achtet, dass die »Location« stimmt, die Darsteller sauber spielen und die Dialoge auf das Notwendige beschränkt sind.
- Wenn Sie mit Ihrem Werk zufrieden sind, sagen Sie laut: »So soll es werden und so soll es sein!«
- Dann klatschen Sie laut in die Hände und öffnen die Augen.

Geben Sie nicht auf, wenn das Experiment nicht gleich beim ersten Mal perfekt klappt. Ich kann Ihnen versichern: Nach dem dritten Versuch wird es klappen, und die Wirkung auf die Realität ist unglaublich. Sie werden sich emotional immer weniger vereinnahmen lassen und sich auch gedanklich nur mehr so viel mit dem Ereignis identifizieren, wie unbedingt notwendig ist.

Sollte Ihnen aber alles zu schwierig vorkommen und vielleicht auch die Zeit zu knapp sein, dann beschränken Sie sich auf den ersten Koffer, befördern all Ihre Gefühle wie beschrieben hinein und schleudern diesen Koffer mit aller Gedankenkraft in die blaue Ferne. Damit nehmen Sie keinen Einfluss auf die Entwicklung, werden aber ziemlich schnell eine wesentlich kühlere Betrachtung der Situation erreichen.

Das Interessante an der eben beschriebenen Übung ist, dass manche Leute es absolut nicht schaffen, die Gepäckstücke aus ihrem Gesichtsfeld zu entfernen. »Ich kann tun, was ich will«, rief eine Dame einmal verzweifelt, »das Ding ist schwer wie Blei und will sich nicht bewegen!«

Aus den hinteren Reihen erscholl eine Stimme in tiefem Berner Dialekt, die sagte: »Gib ihm Flüüüügel!«

Sie werden es nicht glauben, aber das hat funktioniert. Der Koffer erhob sich graziös und entschwand sodann in Windeseile. Nur Endergebnisse zählen. Und in diesem Fall haben Sie nicht einmal Kuhmist, Schmierseife und Spinnweben zu Hilfe genommen, sondern nur die ungeheuerliche Kraft der Gedanken, welche, wie wir wissen, Berge versetzen kann.

Wenn Sie sich an die Empfehlung Hermann Hesses halten wollen, der in seinem wunderbaren Gedicht »Stufen« empfiehlt, die Lebensräume heiter zu durchschreiten, dann bietet sich doch eigentlich an, in diesen Gemächern frohen Mutes alles zurückzulassen, was die zukünftige Wanderschaft behindern könnte. Und wer dann auch noch den Mut hat, das Zurückgelassene durch nichts ersetzen zu wollen, der hat etwas erreicht, was nur wenigen beschieden ist, nämlich die Qualität des weisen Narren im Tarot. Das ist die Figur von Karte 0 der großen Arkana, jener geheimnisvollen 22 Trümpfe im großen Spiel der Archetypen. Dieser Narr tanzt völlig unbelastet durch die Welt, bekommt seine Intuition vom Himmel geschickt, und seine Urinstinkte werden von einem kleinen weißen Hündchen verwaltet, das ihn munter umspringt. Er macht sich keinerlei Gedanken über Vergangenheit und Zukunft. Wo immer er sich befindet, weiß er sich von einer Macht geleitet, die für sein Wohl sorgt und ihn vor einem Sturz in den Abgrund bewahrt. Er kann es sich leisten, vollkommen im Hier und Jetzt zu sein und alles loszulassen. Wer allerdings hinter seine Maske schaut, wird alsbald das Gesicht des Magiers der Karte 1 erblicken, der die Welt im Griff hat, und zwar nicht nur dank seiner Fähigkeiten, sondern vor allem dadurch, dass er ihr vollkommen zur Verfügung steht. Er sieht sich selbst als Verbindungsglied zwischen Himmel und Erde, als mächtigen Vermittler zwischen den Kräften der geistigen und der materiellen Welt sowie als Verwalter des ewigen und heiligen Wissens.

Und so wird sich der Kreis eines Tages schließen: Bettler werden zu Königen werden und Narren zu Weisen. Die Reichen werden die Armen um Rat fragen und die Besitzlosen werden die Welt regieren. Das Gold wird zur Last werden und das Silber zur Rettung, und alles Losgelassene wird zu dem Boden werden, auf dem dann jene Welt entstehen kann, auf die alle warten, eine Welt der Gemeinsamkeit und des Friedens.

Bis dahin ist es noch ein weiter Weg, der von unzähligen Umwegen durchkreuzt wird, die uns schon immer viel Kraft gekostet haben und der Erfahrung nur insofern nützen, als man dann weiß, dass sie besser gemieden werden sollten. Es ist Zeit, nicht nur den Weg, sondern vor allem auch das Ziel vor Augen zu haben. Und es wird auch langsam Zeit sich zu fragen, wie die Welt hinter dem Ziel in Zukunft gestaltet werden soll.

Sie möchten zu guter Letzt natürlich noch wissen, wie das Ziel aussieht und wann wir es endlich erreichen werden?

Es befindet sich seit mehr als 1600 Jahren unter jedem Feigenbaum der Welt. Dort liegt Augustinus von Hippo und hat nicht aufgehört, auf Sie zu warten …

Dank

Davon träumt ein Schriftsteller: Hunderte von ihm beschriebene Blätter liegen vor ihm und er weiß, dass seine Arbeit zumindest für dieses eine Mal getan ist.

Obwohl während der Monate des Schreibens unentwegt längerfristige Unterbrechungen wegen Umzügen, Wasserrohrbrüchen, Sterbefällen, Liebeskummer-Katastrophen (nicht meine eigenen!) und Familienfeiern in Kauf genommen werden mussten, war diese Arbeit doch die ruhigste und gleichmäßigste seit zwanzig Jahren, was vor allem dem Umstand zu verdanken war, dass ich in einer Wohnung arbeiten durfte, die mich wie ein schützender Kokon hermetisch von Lärm, Unruhe und Besucherüberfällen abschirmte. Danke, Manfred, dafür und für die hilfreichen Informationen, aber auch für die Bücher, die in der Freizeit für Entspannung sorgten.

Da ich meine Manuskripte mit der Hand schreibe, muss es jemanden geben, der die Hieroglyphen nicht nur entziffern kann, sondern sie dann auch in den Computer überträgt, was bei den Korrekturen regelmäßig für Heiterkeit sorgt, weil Handschriftliches bisweilen doch Missverständnisse erzeugt, wie zum Beispiel, wenn die Urinstinkte des Narren von einem kleinen weißen Hündchen verwaltet werden, »das ihn munter bespringt«. Das hat uns doch zu denken gegeben!

Vielen Dank, Sonja, für deine endlose Geduld und deine Ausdauer beim Abschreiben von 370, zum Teil stenografierten (!) Seiten!

Noch zu mitternächtlicher Stunde setzte sich mein Freund Josef Lörscher an seinen Laptop, um meine unzähligen Interpunktions- und Flüchtigkeitsfehler zu ahnden. Auch dir von Herzen danke.

Möge dies alles *nicht* für die Katz gewesen sein!